猪木のためなら死ねる！2

「闘魂イズム」受け継ぎし者への鎮魂歌

藤原喜明
前田日明
鈴木みのる

宝島社

はじめに

2024年の10月1日が三回忌だったから、猪木さんが亡くなってもう2年半近く経ったのか。亡くなってからが早いよな。

猪木さんはあと4カ月ちょっと生きれば80歳だったんだけど、79歳で亡くなった。猪木さんはギャンブラーだったから、亡くなる歳も末尾が「9」。しっかり〝カブ〟だよ。80まで生きてたら〝ブタ〟だったからな。

有名野球選手から横領したカネでギャンブルをやってた通訳がいたけど、あんなのはギャンブラーの風上にも置けない。猪木さんは常に自分の人生を賭けていたからな。たいしたギャンブラーだったよ。実際、借金してても賭けてたからな。「こりゃ返ってこないな」ってわかってても猪木さんにお金を出してくれる人がたくさんいたんだから、すごい人だったよ。

猪木さんは「後先考えない」ように言われることがあるけど、先のことは考えてたんだよ。ただ、それは「絶対に成功する」という思いだけで、「負けたらどうしよう……」みたいな考えがないんだ。猪木さんの有名な言葉で、「やる前に負けること考える馬鹿いるかよ！」っていうのがあるけど、猪木さん自身、負けることなんか考えない。「たまには考えてくれ」って思った人はたくさんいそうだけどな（笑）。

猪木さんはガチガチに当たるようなギャンブルはしない人。常識外れで、「99パーセント無理」って言われるようなときほど燃えるんだ。だいたいモハメド・アリ戦だって、決まる前はほどんどの人が「馬鹿なこと言ってるよ」と思ったはずなんだよ。要するに、アリ戦をやったこと自体が奇跡なんだ。だから猪木さんは無謀なギャンブラーのようでいて、結果的には勝ったんだろう。いい人生だったと思うよ。

俺は2024年に『猪木のためなら死ねる! 最も信頼された弟子が告白するアントニオ猪木の真実』（宝島社）という本を出させてもらった。ありがたいことにけっこう売れたみたいで、今回第2弾を出させてもらうことになった。売れた理由は自分ではわからないけど、俺はハッタリや嘘が嫌いだから、俺から見た猪木さんの本当の姿を読んでみたいと思ってもらえたんじゃないかな。柳の下にドジョウが二匹いるかどうかはわからないけどな（笑）。

今回は、猪木さんをはじめ、昭和の新日本プロレスのレスラーたちとの思い出を自分なりに語らせてもらった。できれば多くの人に読んでもらいたいけど、「読んでください」とお願いはしない。猪木さんは常々「客に媚びるな」と言っていたんだ。だからこの本も興味を持って買ってくれた人だけが読んでくれればいい。俺だってあと何年生きられるかわからないから、俺が生きた証をここに残させてもらうよ。

2025年2月　藤原喜明

猪木のためなら死ねる！ 2 「闘魂イズム」受け継ぎし者への鎮魂歌

目次

第3章

坂口征二、キラー・カーン、長州力……根底で認め合っていた昭和新日本の同志たち

〝闘魂の遺伝子〟対談❷
猪木とゴッチの教えをともに学んだ〝プロレス界の親父〟への感謝

藤原喜明×鈴木みのる

特別収録 対談

新日本と全日本の看板を背負った〝昭和レスラー〟の意地とプライド

藤原喜明×天龍源一郎

「闘魂イズム」コラム⑪

EVER GIVE UP
FUJINAMI
ARISTRIST

第1章
がんになってわかった 猪木と仲間たちの〝ありがたさ〟

20年2月28日、後楽園ホールで行われた「武藤敬司プロデュース PRO-WRESTLING MASTERS」

構成■堀江ガンツ

「がん」から藤原の命を救ったゴッチ

俺は2007年に胃がんをやった。58歳の時だったな。がんが発見されたのは本当に偶然だった。俺はもともと病院というところが大嫌いなんだ。大人になってからは病気らしい病気もしたことがなかったし、多少のケガはプロレスラーにはつきものなんで、いちいち病院なんかには行かなかった。ただ、20年以上ずっと痛めていた右ヒジがいよいよ使いものにならなくなってきたから、知り合いに紹介してもらって国立栃木病院(現・国立病院機構 栃木医療センター)の副院長にヒジの手術をやってもらったんだよ。

手術は無事成功したんだけど、せっかく遠くの病院まで来るんだから、一度もやったことがなかった大腸の内視鏡検査をしてもらおうと思って先生に言ったんだよ。「どうせまた来るんだったら、ついでにやってもらえますかね」って。そしたら「症状は?」と聞かれて、「いや、べつに症状はないですけどね」って言ったら、「いや、症状がないと困るんだよな」と先生が言ったんだよ。つまり保険が効かなくなるんだろうな。それで俺もピーンと来て、「いやー、最近ちょっと腹が痛くて」って言ったら、「腹が痛いのね? はいはい」と言われて、無事保険適用で受けられたんだ(笑)。

それで内視鏡検査で調べてみたら、ちっちゃいポリープが7つくらいあってな。それを全部取って、「たぶん大丈夫だとは思うけど、1週間後までにこれががんかどうか調べておくから」って言われた。そうなるとものはついでだから、胃カメラもやってもらおうと思ってさ。また「先生、胃がムカムカするので胃カメラもお願いします」と言って、胃の中を調べてもらったら4センチのがんが発見されたんだよ。

がんはステージ3だったからリンパ節まで行っていて、5年後の生存率は41・7パーセントだった。のちに先生から、「今だから言うけど、あと3カ月、がんの発見が遅れてたらあなたは死んでたよ」って言われたので、俺はラッキーだったんだよな。

なんだか俺はカール・ゴッチさんに救ってもらえた気がするんだよ。ゴッチさんが亡くなったのはこの年の7月28日で、俺が右ヒジの手術を受けたのが8月3日。偶然にもゴッチさんが生きていたら83歳になる誕生日だった。

その直前に訃報を聞いたからこそ、俺も検査してみようという気持ちになったんじゃないかと思う。ゴッチさんは常々、「いちばん大切なのはコンディションだ」と言っていたからね。そのコンディションを万全にしておくために受けた検査で命が助かったんだ。やっぱりゴッチさんは俺にとって神様だよな。

ただ、ステージ3の胃がんを告知されたときは、正直「もう死ぬんだな」と思ったよ。そして「どうせ死ぬんだから、プロレスラーらしくカッコよく死んでやれ」って思ったんだ。笑っちゃうよな。

手術後、ただじーっとしていると切った傷が横っちょに癒着しちゃうらしくて、ある程度元気になったら歩いたりして、少しずつ運動しなきゃいけないんだ。そこで俺は「伝説を残してやれ」と思って、手術した翌日から、ひとりで麻酔とか点滴をぶら下げたまま廊下を歩いたわけだよ。同じフロアだけじゃなく、点滴を担いで階段を昇り降りしてな。そのとき、ちょうど看護師さんが前から来たから、「おはよーございまーす」って言ったら、「はい、おはようござ……えっ、えっ、えっー!?」ってビックリこいてたよ（笑）。

その後、病院の中だけじゃなくて外も歩くようになってな。病院の周りを一周するのに20分くらいかかるんだけど、バイクで足を骨折したヤツと、俺より1週間早く胃がんの手術をしたヤツと3人で、朝方6時頃からそこを3周するようになったんだ。ひとりだと自分のペースで歩くけど、3人だと負けるのが嫌だから競争するようになって、いい運動になったよ。

病院の周りのウォーキングルートには、宇都宮だからちょうど餃子屋の「正嗣《まさし》」があってな。「よし、近々あの餃子を食ってやるぞ」と思いながら歩くようになった（笑）。でも、ひとりで勝手に食いにいっても結局、胃が受けつけずに食えなかったらお店の人に失礼だから、病院を紹介してくれた人が孫を連れて見舞いに来てくれたとき、「ちょっと頼みがあるんだけど、あそこに餃子屋があるんで一緒に行ってくれよ」ってお願いしたんだ。それで手術から9日目くらいで餃子を食いに行って、「果たして食えるかな?」と思ったんだけど、2皿食えたんだよ。そしたらそれが看護師さんに知られてしまって、先生から「お前、餃子を食いに行ったらしいな!」と叱

られた（笑）。

その後、しばらくはおとなしくしてたんだけど、あるとき、先生との世間話で「病院の食い物だけじゃ塩味が薄くて油もないから、とんこつラーメンが食いたいな」って言ったら、「とんこつラーメンならここをちょっと行ったところの十字路の向こう側にあるぞ」って言われてな。先生はもちろん、「退院後に体調が戻ったら行ってみたら?」という意味で言ったんだろうけど、俺は次の日にひとりで行ったんだよ（笑）。でも、さすがにラーメンは食えなかったな。3口くらい食べたら気持ち悪くなって、ほとんど残したら店主に悪いから、「実は胃がんの手術を終えてから来たもんで。残しちゃってどうもすみませんでした」って言ったんだよ。

そしたらラーメン屋に行ったことも看護師さんに知られてしまって。次に日に先生から、「昨日はラーメンを食いに行ってきたらしいな」と言われたんで、「いや、先生が教えてくれたじゃないですか」って言ったら、「まさかホントに行くとは思わなかったよ」って。そんなムチャなことばかりやってたよ（笑）。馬鹿馬鹿しいことだけど、それがプロレスラーの性なのかな。そんなデタラメな患者をしっかりと診てくれた先生と、いろいろ世話してくれた看護師さんには感謝だな。

前田と佐山からの〝らしい〟見舞い品

俺が胃がんになったことは公表してなかったんだよ。芸能人じゃあるまいし、そんな個人的なことをなんで公表しなきゃいけねえんだっていう考えだから、公表するという発想すらなかった。それで死んだら死んだで、「藤原、最近見ないと思ったらがんだったのか」って思われるだけでいいじゃねえかってな。

他のレスラーやプロレス関係者にも話してなかったんだけど、猪木さんにだけは伝えたんだよ。べつに報告するつもりはなかったんだけど、退院後に猪木さんから電話がかかってきて、「しばらく電話にも出なかったけど、どうしたんだ?」って聞かれたんで、「実は胃がんをやりまして」と言ったら、「何、がんか?」ってしばらく絶句してしまってな。「いい医者を知ってるぞ」と言ってもらったんだけど、「いや、もう手術も無事成功して退院しましたので大丈夫です。ありがとうございます」って言ったんだ。猪木さんが俺のことを心配してくれたんだよ。

その後、少しずつ仕事にも復帰して、藤原組にいた高橋義生が初めてIGFに出るっていう記者会見に俺も出たんだ。それでIGFの事務所に行ったら猪木さんが「お前、大丈夫だったか!」って、すごくうれしそうな顔で迎えてくれてな。「おい、がんのことは言っていいのか?」と言うから、「いいですよ」って言ったら、高橋義生の参戦記者会見なのに猪木さんは

85年4月21日、雑誌の企画で行われた藤原と佐山の対談（東京・上野）

「藤原が胃がんから無事に生還して」って俺のことばっかりしゃべってるんだよ。だからスポーツ新聞にも俺のことばっかり載って、高橋のことは2行ぐらいしか載らなかった（笑）。

高橋には悪かったけど、猪木さんがあんなにうれしそうな顔でしゃべってくれて、俺もうれしかったよ。猪木さんはお兄さんを胃がんで亡くしてるから、心配してくれたんだろうな。

IGFの会見後、俺が胃がんだんったことが新聞に載って、それを見た前田（日明）から「大丈夫ですか？」って電話があったんだよ。「藤原さん、死んじゃ嫌ですよ。悲しいですよ」とメソメソしながら言うから、「馬鹿ヤロー、まだ生きてるよ！」って（笑）。

それで前田は、マムシ2匹に朝鮮人参が入った高そうなもんをごっそり送ってきたんだよ。お礼の電話を入れたら、「これを36度の焼酎に漬けて飲んでください。チンコ勃ちますよ～」って言うから、「バカヤロー、がん患者がチンコ勃ててどうするんだよ！」って言ったのを覚えてる（笑）。

前田はいろんなもんを送ってくれるんだよ。俺は胃がんをやってから8年間タバコをやめてたのに、「いいパイプタバコが手に入りましたよ」ってごっそりくれたりな。「馬鹿ヤロー、俺はタバコをやめてたんだよ」と言ったら、「肺に入れないから大丈夫ですよ」って言うんで、そっからパイプだけは吸うようになってね。ゴッチさんもパイプは吸ってたからな。それで前田は俺の事務所に来るたびにパイプ煙草を持ってきてくれるようになったんだけど、その代わり俺がつくった焼き物を持って帰るんだよ。あいつは焼き物にも詳しいからさ。あと俺のオリジナルである陶器のゴジラやモスラとかな。あれはつくるのに1カ月くらいかかるんだよ。前田が来るたびに俺の作品が減っていくから、たまったもんじゃない（笑）。

あとは佐山聡も電話をくれたな。佐山は「僕、がんが治るいい水を知ってますよ」と、段ボールで送ってくれたよ。事務所に置いてちょこちょこ飲んでいたけれど、飲んだ感じはただの水としか言いようがないし、それが効いたのかどうかもわからない（笑）。

佐山も前田も猪木さんと似たところがあるんだよな。信じ込みやすいというか、騙されやすいというか。でも、そうやって俺の体を心配して電話をくれたり、何かを送ってくれたりするんだからありがたいよ。大病をしたときこそ、誰が本当の友達なのかわかるのかもしれないな。

女性にモテモテだった小林邦昭

がんと言えば、「サンペイちゃん」こと小林邦昭さんが昨年（2024年）9月に死んじゃったな。あの人はがんを4～5回やってるんだよな。最初に大腸がんをやって、それから肝臓にいったんだよ。その後、肺がんになって、亡くなる前は膵臓がんだったと聞いた。

俺の胃がんを切った先生が膵臓の手術の権威だったんだけど、膵臓がんの手術って難しいらしいんだよ。膵臓は胃袋の後ろ側にあって、ふにゃふにゃしてるから切るのが難しいんだって。

サンペイちゃんが亡くなる8カ月くらい前かな、誰かから「どうやら小林さんが入院してるらしいよ」って聞いたんで電話してみたんだけど、ずっと出なかったんだよ。それでしばらくしたらようやく電話に出てさ、「がんなんだよ」と言うから、「どこのがん？」って聞いたら、「うん、肝臓だね」って本人は言ってたんだけど、肝臓じゃなくて膵臓だったんだよ。

猪木さんの奥さんだったズッコさん（故・猪木田鶴子さん）もそうだったんだよ。俺が70歳の誕生日イベントをやったときに猪木さんとズッコさんが来てくれたんだけど、ズッコさんがすごく痩せてたんだ。俺は「これは膵臓がんだぞ」ってピンときてね。本人には言わなかったけど、かなりつらそうだった。ズッコさんは猪木さんにも言ってなかったみたいなんだよ。膵臓がんってすごく痛いらしいから、大変だったろうな。

サンペイちゃんもすごいんだよ。最初に大腸がんが発覚したのは、たしか1992年だったはずだから、それから30年以上も生きていたんだからな。主治医が言ったらしいんだよ。「あんた、こんなにがんをやって生きてるのが不思議だよ」って。それで、いくらだかもらって自分の体を研究材料として医者にチェックさせたって言ってたよ。

彼がいくつもがんになりながら30年以上生きたのは、ずっとウェートトレーニングを続けていたからという説がある。俺の周りにもお医者さんのグループがいてよく一緒に酒を飲むんだけど、本当かどうか知らないけど筋トレすることによってがん再発のリスクが下がるらしいんだよな。だから俺も運動していたから。サンペイちゃんは昔から筋トレが好きでイカリ肩でな、すぐに筋肉もつきやすい体質だったから、それがいい効果を生んでいたのかもしれない。

とは言っても、大腸がんから肺がん、胃がん、膵臓がんをやって30年以上だからね。それだけ生きたっていうこと自体、プロレスラーのすごさ、レスラーは怪物であるっていうことを見せてくれたんじゃねえのかな。

サンペイちゃんとは昔からわりと仲が良かったんだよ。あの人は俺よりも6つ下だけど、1週間だけ俺よりも先輩だった。この世界は一日でも早く入ったほうが先輩だから、6歳も下なのにあの野郎を「小林さん」って呼ばなきゃいけないんだ。当時向こうは16だか17だかの子供だよ。まあ、俺も「小林さん」とはあまり呼ばなくて、みんなが呼んでたあだ名である「サンペイちゃん」と呼んでいたけどな。

向こうも俺のことを面と向かって「藤原」とは呼ばなくて、「そっち」っていう言い方をしていたよ。「そっちはどうなの?」みたいな感じでな。あの人もあの人で、6歳上の俺に少しは気をつかってくれたんだろう。その代わり、よく一緒に焼肉を食いに行ったんだけど、向こうが先輩のはずなのに勘定はこっち持ちだったりしたけどな（笑）。

サンペイちゃんと言えば、女にモテたよな。本人が相当な女好きっていうのもあったけど（笑）。あの人は女性にも優しく接するからモテたんだろう。でも、もちろんひとりの女性に一途というわけじゃないから、複数から求婚されたりして、それはそれで大変だったとか聞いたな。ある時なんか、女の子のお父さんが来て、「ウチの娘があなたとどうしても結婚したいと言っている。結婚してくれたらマンションをやる」って言われたらしいんだよ。マンションっていうから普通は1部屋だと思うだろ？　それがマンション1棟丸ごとくれるっていうんだから、すごい話だよ。サンペイちゃん本人もあとになってから「惜しいことをした」と思ってたかもしれないけどな（笑）。

小林邦昭の人柄で実現した「アントニオ猪木会長を囲む会」

アクが強い人間揃いだった昭和の新日本プロレスのレスラーでも、サンペイちゃんのことが嫌いなヤツはいなかったんじゃないかな。

前にも話したと思うけど、かつての新日本っていうのはサル山と同じで、道場や巡業で腕っ節が強い男たちが常に一緒に生活しているから、あちこちでケンカや小競り合いが絶えなかったんだよ。だいたい人は5、6人以上集まったら必ず派閥みたいなものができるしな。だから猪木さんを頂点とする団体としての結束力はあったけど、内部では「コイツはいいけど、コイツは大嫌い」みたいなのが、誰しも必ずあったんだ。だから、すぐバラバラになってやたらと新団体ができたりするんだよ（笑）。

でも、サンペイちゃんだけは性格が穏やかっていうのかな、誰ともぶつかったりケンカしたりすることはなかったように記憶している。ものすごく仲がいい人がいるわけじゃないけど、敵もいないっていう珍しいタイプだった。

猪木さんが亡くなる2年前、新日本黎明期のメンバーが集まって「アントニオ猪木会長を囲む会」を開いて、みんなでちゃんこをつつきながら昔話に花が咲いたことがあったんだ。あの会の音頭を取ったのがサンペイちゃん。あれは敵がいなくてニュートラルな立場であるサンペイちゃんが音頭を取ったからこそ、実現できたんだと思うよ。

参加したのは、猪木さんを筆頭に、坂口征二さん、北沢幹之さん。栗栖正伸さんは大阪から夫婦で来て、あとは長州力、木村健悟、ヒロ斎藤、新倉史祐なんかが来た。今、新日本で社長をやってる棚橋弘至も顔を出して挨拶していったけど、それもサンペイちゃんが気をつかって声をかけたんだろう。その他、藤波辰爾さん、木戸修さん、それから佐山も来る予定だったって聞いていて、それぞれ他の用事で時間に間に合わなかったり体調の問題で来れなかったりしたようだけど、まあ、よくあれだけのメンバーが集まったもんだよ。

あの頃のレスラーはみんな猪木さんに対する思いはそれぞれ持っているんだけど、ああやって集まるとなると、「あいつが来るなら俺は行かない」とか言い出すヤツが続出して、なかなかまとまらないもんなんだ。だいたいレスラーなんて、わがままな人間の集まりなんだから（笑）。それを一人ひとりに連絡して、スケジュールをすり合わせて、仲が悪いヤツがぶつからないようにするとか、そんな面倒くさいことは俺にはできない。

でも、ああやって昔のメンバーで集まることができて、猪木さんもうれしそうだったし、若い頃に道場でキツい練習をしたあと、みんなで笑いながらちゃんこを食っていた頃のことを思い出したよ。猪木さんが生きている間に、ああやってみんなで集まれてよかった。それが実現できたのも、サンペイちゃんの人柄があってこそだったと思うよ。

97年8月31日、横浜アリーナで行われたタイガーキング＆小林邦昭vs山崎一夫＆ケンドー・カシン

85年8月1日、両国国技館で
行われたドン荒川vsコブラ

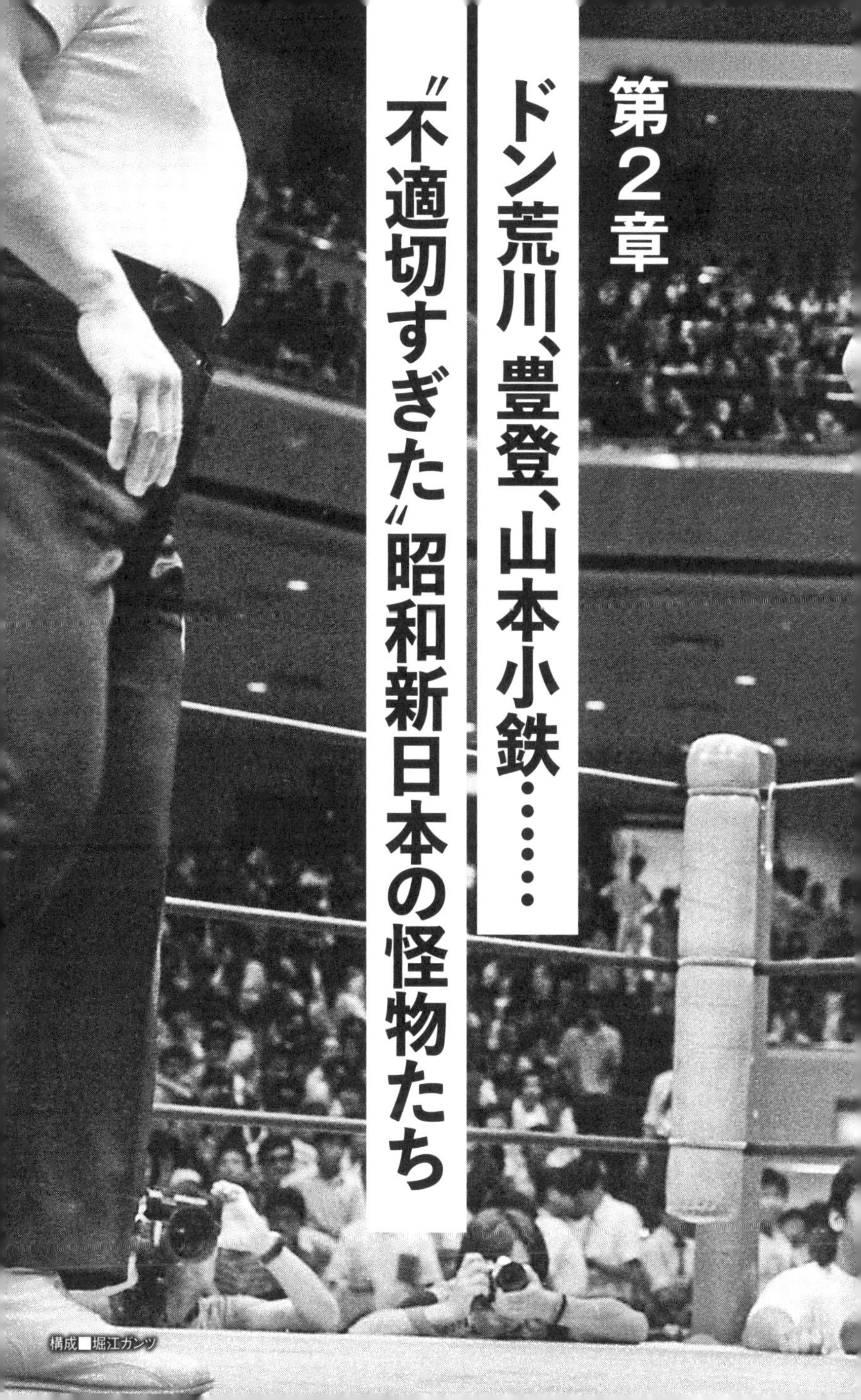

第2章

ドン荒川、豊登、山本小鉄……
〝不適切すぎた〟昭和新日本の怪物たち

構成■堀江ガンツ

国際入りを断り、自分の意志で選んだ新日本

前作でも語ったとおり、俺は元・日本プロレスの力道山時代のプロレスラーだった金子武雄さんの紹介で新日本プロレスに入門した。

だから金子さんは俺の恩人。俺はもともと「プロレスラーになりたいな」という漠然とした気持ちは持っていたけど、岩手の田舎もんだったんで、なり方がわからなかったんだ。ただ、農家の長男だった俺は、「ここで一生を終えるのは嫌だ」と思って高校卒業後に上京。大手建設機械メーカーに就職後、職を転々としたんだけど、横浜の市場で働いているときに転機が訪れた。

市場は朝5時から仕事が始まって10時頃には仕事が終わるから、食事を取って昼寝をしたあと、横浜にあったスカイジムというトレーニングジムに通い出したんだ。俺は16歳の頃から自作のバーベルでウェートトレーニングをやっていたし、最初に就職した建設機械メーカーでも入社3カ月目に自分でウェートトレーニング部をつくったくらい筋トレが好きだったからね。それで入会したスカイジムの会長がたまたま金子さんだったんだ。

その金子さんがある日、熱心にトレーニングしている俺を見て、「お前、プロレスラーにならないか?」って言ってきた。こっちとしては渡りに船の話だから「はい！　よろしくお願いします」って即答したら、「よし、わかった！　明日から会費はいらないから、市場の仕事を辞めて

俺の焼肉屋で働け。昼時の忙しい時間が過ぎたら、夕方まで練習していていいから」と言ってもらえたんだよ。金子さんは国際プロレスの吉原功社長と仲が良くて、国際プロレスは選手が少なかったから、俺を入れようとしていたのかもしれない。

それから1年ぐらい経って、金子さんに「お前をプロレス団体に紹介してやろう。日プロと国際、新日本、全日本とあるけど、どこに行きたい?」って聞かれて、俺は「新日本でお願いします」って言ったんだ。というのも、当時『プロレス&ボクシング』という雑誌があって選手名鑑が載っていたんだけど、新日本がいちばん選手数が少なくて大きい選手もいなかったんで、「ここならチャンスがあるんじゃないか?」と思ったんだ。新日本は猪木さん以外みんな小さくて、しかもあの当時のプロフィールだから、みんなちょっとサバ読んでたしな(笑)。

これは俺がプロレスラーとしてデビューしたあとの話だけど、ある選手とシングルマッチで同じリングに立ったら、客席から「なんだ、藤原ほうが大きいじゃねえか」っていう声がチラッと聞こえてきたことがあるんだ。パンフレットではその人のほうが2センチ大きいことになってるんだけど、実際は俺のほうが大きかったから、お客が「パンフレットに書いてあることと違うじゃねえか」ってな。その時の対戦相手の名前は言えないけど、藤○辰爾さんね(笑)。

そんなわけで金子さんには「新日本に行きたいです」って伝えたんだけど、「そうか。でも、国際もいいぞ」って言われてな。やっぱり金子さんは俺を国際に入れたかったんだよ(笑)。でも、それは吉原社長と仲がいいというだけじゃなく、俺のことをちゃんと考えてくれたんだと思う。当時、新日本は旗揚げして半年ぐらいで、テレビ中継がまだなくていつ潰れてもおかしくない状態だったからな。全日本は日本テレビがついていたけどできたばかりだったし、日プロは猪木さんと馬場さんが抜けて、ここも潰れる寸前だった。そう考えるとTBSがついていた国際が、あの時点ではいちばん安定していたんだよ。

だけど俺は自分の意志で新日本を選んで、猪木さんに出会えたことで今の自分がある。運命っていうのは、わからないもんだよな。

そんな感じで1972年11月2日に新日本に入門して、10日後にはもうデビューしたんだ。なぜ、そんなに俺のデビューが早かったかというと、それは入った時からすでに体ができていたということと、金子さんのところで寝技を学んでいたっていうのもあるけど、偶然でもあるんだよ。当時の新日本は選手の人数が少なかったんで、レスラーの頭数も欲しかったんだろうしね。

俺が入門して10日目に次の巡業が始まって、シリーズ開幕戦の和歌山県白浜町坂田会館というところでデビューした。しかも新人の指定席である第1試合じゃなくて、たしか第4試合だったと思う。

相手は藤波辰爾さん。藤波さんは一度日プロに入門して新日本に来た人だから、この業界に入ったのは俺より2年半くらい早い。だけど、俺より4歳下でスポーツの実績があったわけでもなかったからデビューまで時間がかかった。だからキャリア自体は1年ちょっとしか違わないんだ。先輩風を吹かすような人じゃなかったし、日プロから新日本に来た人はみんな猪木さんを慕って

デビュー当時の藤原

きた人たちばかり。俺たちみたいな新日本になってから入った人間も含めて「猪木一家」という感じで、藤波さんはその若頭という感じだった。

そんなわけで入門して10日後のデビュー戦だったけど、藤波さん相手に気後れはなかった。公式発表と違って身長も俺のほうがほんのちょっと高かったしな（笑）。試合もソツなくこなせたので試合後、豊登さんに「お前、初めてじゃないだろ？」って聞かれたんだよ。「いや、僕は初めてです」って答えたら、「嘘つけ。国際かどこかでやってただろ」って。まるでオンナと初めてヤった時、「あなた、初めてじゃないでしょ！」って言われたような気分だったよ（笑）。

“2分間なら最強”だった荒川

俺が新日本の寮に入った時、寮長をやっていたのが（ドン）荒川さんだ。でも、身長がちっちゃいからさ、最初はプロレスラーだとは思わず管理人だと思ったんだ。「プロレスのジムの管理人っていうのはゴツいんだな。それにしても管理人のくせに偉そうだな」って（笑）。まさか、その人といちばん仲良くなるとは思わなかったけどね。

当時の道場の若手では木戸（修）さんがいちばん先輩だったと思うけど、あの人は実家が近いからずっと寮にいるわけじゃなく、行ったりきたりしてた。だから、ずっと寮にいるなかでいちばん古かった荒川さんが寮長だったんだ。

新日本の初期は、年に一回の合同入門テストみたいなものはなくて、それぞれバラバラのタイミングで入ってきたから、みんな入門した年は同じでもちょっとずつ先輩後輩の関係があった。道場にいた人で俺の先輩だったのは、荒川さん以外だと栗栖正伸さん、グラン浜田さん、あと小林邦昭さんもいたな。俺らの世界は一日でも早く入ったら先輩だから、7歳年下のサンペイちゃんもたった1週間くらい早く入っただけでずっと先輩。しかも去年（2024年）亡くなったから、あの世に行っても先輩だよな。

あの頃の新日本はクセのある人間揃いだったけど、なぜか荒川さんとはウマが合ったんだよ。ケンカはしょっちゅうしたけどな。酔っ払って殴り合いをして、朝になって荒川さんが「お前、ずいぶん顔が腫れてるな」って言うから、「いや、そっちの顔もすごいよ」って言ったら、「誰にやられたんだ？」「お前にやられたんだろ、コノヤロー！」ってね（笑）。

俺たちレスラーっていうのは、そうやって仲良くなるんだよ。殴り合いのケンカをして仲良くなるなんて、一般の人たちはわからないだろうけど、一緒にキツい練習をやって競い合って、たまに殴り合いのケンカして、また仲直り（？）して。そういうことの積み重ねから、少しずつ尊敬の心みたいなものがお互いに芽生えてきて、それが友情に変わるんだ。「俺も強いけど、コイツも強いな」って感じでな。まあ、普通の人にはわからないだろうけどね。

俺と荒川さんのレスラーとしての共通点は、長いこと新日本の前座を務めたこと。あの人は「スターになろう」みたいな願望はなかったんじゃないかな。自分の好きなことをやってそれでメシが食えるなら幸せ、そういうタイプだよね。

俺だって同じなんだよ。農家の長男だから田舎に帰ったら冬が長く寒い岩手で百姓をやるしかないけど、新日本にいれば、道場でメシはたらふく食えるし、酒だって飲める。メインイベンターになったらいろんなしがらみがあるだろうけど、俺は前座だからこそ長年関節技を追求することができた。客入りの心配なんかもしないでいいし、幸せだったよ。ただ、荒川さんと同じタイプとはいっても、プロレスのスタイルはまったく違った。なんといっても荒川さんは、ストロングスタイルを標榜していた昭和の新日本で、ただひとり「ひょうきんプロレス」をやっていたからな。

猪木さんはリングで笑いが起きることをなによりも嫌っていたけど、荒川さんの「ひょうきんプロレス」だけは、見て見ぬふりをするような感じで認めていた。なぜかというと、荒川さんにそれだけの力があったからだよ。

プロレスの興行というのは、だいたい8試合ぐらいあるわけだから、全部が全部、同じような試合ではつまらない。シリアスで怖いプロレスが続いたら、1試合ぐらい面白いことをやってもいいんだよ。荒川さんはちゃんとした実力があって〝ひょうきん〟をやっていたから、周囲から一目を置かれていた。サーカスのピエロが本物の実力者じゃないとできないのと一緒だよ。

荒川さんはもともとやっていた柔道が強かったし、なにより力が強かった。俺が入門したばかりの時、荒川さんは道場でベンチプレス180キロを挙げてみせて、「俺は新日本プロレスでいちばん力が弱いんだ」なんて言っていたんだ。もちろん荒川さん流の〝カマし〟だったけどな(笑)。

あの筋力は遺伝、DNAによるものが大きいだろう。俺も若い頃から筋トレをガンガンやったけど、筋肉はそれほど大きくならなかった。猪木さんも力は強かったけど、俺と同じようなタイプ。猪木さんは柔らかい筋肉で、力がずっと続くスタミナの筋肉なんだよね。じゃなきゃモハメド・アリと15ラウンド闘うなんてできないよ。反対に荒川さんは瞬発力の筋肉だった。スタミナはないけど短時間ならものすごい力が出る。新日本で瞬発力のパワーがすごかったのは、長州力と荒川さんが双璧だったな。

荒川さんは、寝技のスパーリングをやらせても強かった。関節技を極めるのがうまいわけじゃなかったけど、とにかく力は強いし、腕は短いし、足も短いしですごく極まりにくかったんだ。だから負けることはなかったけど、だいたい引き分けだったな。

ただ、さっきも言ったけど、荒川さんはスタミナがないんだよ。練習と遊びを兼ねて、よく俺と相撲を取ってたんだけど、十番までは俺が一、二番勝てたらいいほうなんだ。だけど十番を過ぎると俺のほうが断然強くなる。荒川さんはスタミナが切れて、全然力が入らなくなるからな。だからよく「相撲は一番勝負だ！」なんて言っていたよ(笑)。

でも、スタミナが切れるまでのあの人が強かったことは確か。5分間だったら誰にも負けないんじゃないか。いや、5分は言いすぎた、2分間だな。2分間は最強でもそれを過ぎると弱くな

SPORT

87年7月15日、猪苗代町民体育館でレフェリーのタイガー服部とおどける荒川

るから、3分1ラウンドはもたなかったかもしれないな（笑）。

酒の席で〝命をかける〟荒川

荒川さんが一目置かれていたというのは、そういった面での強さだけじゃなく、「プロレスラーは怪物である」ということを見せるために、誰よりもムチャをするからでもあったな。それが発揮されるのが、酒の席だよ。一升瓶の酒を18秒で飲み干したのは伝説だからな。ちなみに猪木さんは大ジョッキの生ビールを4秒で飲む特技を持っていたけど、あれは飲んでるんじゃなくてアゴの中に注いでるだけじゃねえのか、なんてことは俺は言ってねえぞ（笑）。

「プロレスラーっていうのは、酒の席でも張り合うんだよ。巡業中、旅館で宴会が始まると、頃合いを見て猪木さんが「おい、この一升瓶を全部飲んだら3万円！」って言ってポーンとお金を出すんだよ。そうすると坂口（征二）さんは1万円を出して、山本小鉄さんや星野勘太郎さんも1万円出す。それで俺ら下っ端は1000円や2000円ずつ出してな。それを集めるとお札のちょっとした山になって、いちばん先に一升瓶を飲み干したヤツが総取りになる。場を盛り上げるための余興だよな。当時は道場での練習は殺伐としていたし、会場に行っても緊張の糸が張り詰めていたから、その緊張をほぐして親睦を深めるために必要だったわけだ。そういうときに命をかけるのが荒川さん。よく急性アルコール中毒で死ななかったと思うよ（笑）。

宴会ではいちおう無礼講ってことになるから、俺らも酔っ払ったフリをして猪木さんや坂口さんに絡むわけだ。それで愚痴をこぼしたり、普段は言えない文句みたいなことを言ったりすると、猪木さんや坂口さんは、「そうか、そうか。わかった、わかった」と言って子守をしてくれたんだよ。長い巡業のなかで緊張状態が続くと、そういう宴会をポンッと入れてくれてたな。そこで猪木さんや坂口さんに甘えさせてもらえたんだ。

だから有名な熊本の旅館を一軒ぶっ壊してしまった宴会（87年1月23日）があったけど、あの時も修繕費として数百万円払いながら、猪木さんは「思ったより安かったな」って言っていたからね。そうとう懐が深いのか、金銭感覚がぶっ飛んでいるのか、その両方かのどれかだろうな（笑）。

そういう席に荒川さんみたいな人がいるとやっぱり面白いし、思い出にも残るんだよ。だから猪木さんは後年、俺に会うと必ず「おい、荒川は元気か？」って言っていた。一緒に酒を飲んで昔話をするときも、出てくるのは荒川さんの話ばっかりだよ。だから、猪木さんが亡くなる2年前にサンペイちゃんが開いた「アントニオ猪木会長を囲む会」の時、俺は自分で描いた荒川さんのイラストを持っていったんだよ。あの時、すでに荒川さんは亡くなっていたけど、生きていたらいつものように宴会を盛り上げてくれてただろうなと思ってな。

荒川さんは、ああいう性格だからいろんな企業の社長にも好かれて、タニマチが全国各地にいた。でも、それはあの人のマメな性格と気づかいの賜物でもある。たとえば、北海道に行けば市場に行って鮭を何本も買って知り合いの社長に贈ったり、九州へ行ったら明太子を買って贈ったりしていたからね。で、それ以上のお小遣いをもらうわけだよ。そんな姿を見て、「この人はうまいなあ」「俺にはできねえな」って、いつも思っていた。

でも、荒川さんからある時、「お前はみんなから要領が悪いと思われてるけど、実はお前がいちばんうまいことやってるじゃねえか。お前がいちばん要領がいいよ」って言われたことがある。ああ見えて、荒川さんなりに気苦労みたいなものもあったのかもしれないな。何も考えてなかったかもしれないけど(笑)。

荒川さんは晩年、あんなに社交的な人がまったく人前に出なくなったんだけど、実は交通事故に遭ったんだ。ミニクーパーか何か小さな車に乗っていた時、後ろから衝突されて車がメチャクチャになってね。救急車が来た時、救急隊員が「これはもうダメだ」って言うくらいの事故だったらしい。誰もが死んだと思ったところで、荒川さんがムクッと起き上がってきて、「俺は生きてますよ!」って言ったらしいけど(笑)。

事故のあとで本人と電話で話したら、「背骨がバラバラになった」って言っていて、「背骨がバラバラなら死んでるだろ」って思ったんだけど、実際、普通の人間だったら死んでるぐらいの事故だったみたいだな。上田馬之助さんもそうだよ。トラックに後ろから追突されて、フロントガラスを突き破って10メートルぐらい吹っ飛ばされて、普通なら死んでるけど、プロレスラーの頑丈な体があったから一命を取り留めた。荒川さんもそれに近い感じだったんじゃねえかな。結局、事故の後遺症に苦しんで71歳で亡くなってしまったんだけどさ、プロレスラーの強さを見せてくれたと思うよ。

荒川さんが亡くなった時、すぐには周囲には知らせず、葬式も近親者のみで執り行われたんだけど、葬儀が終わってから荒川さんの奥さんが俺に電話をくれて、それで知った。だから猪木さんにも俺から「荒川さんが亡くなりました」って電話したんだ。そしたら猪木さんに「葬式はいつだ？」って聞かれたんで、「もう家族だけで済ませたようです」と報告した。猪木さんは独特の死生観を持っていて、あまり葬式に顔を出したりしない人なんだけど、荒川さんの葬式には行くつもりだったんじゃないかな。猪木さんは、それくらい荒川さんのことが好きだったんだよ。

当時の人間で、荒川さんのことを嫌っていた人はいないんじゃないか。デタラメなことばかりだったけど、みんなから好かれていた。昭和の新日本には欠かせない人だったね。

メチャクチャだった豊登の金銭感覚

俺は新日本で10年間、猪木さんの鞄持ち（付き人）をやらせてもらったけど、その前に、入門してすぐ山本小鉄さんの鞄持ちをやらせてもらった。2年近くやっていたと思うけど、働きぶりが認められたのか、ある時、「おい、明日から猪木さんにつけ」と言われて、それ以来、猪木さんの鞄持ち兼スパーリングパートナー兼用心棒という生活が始まったんだ。

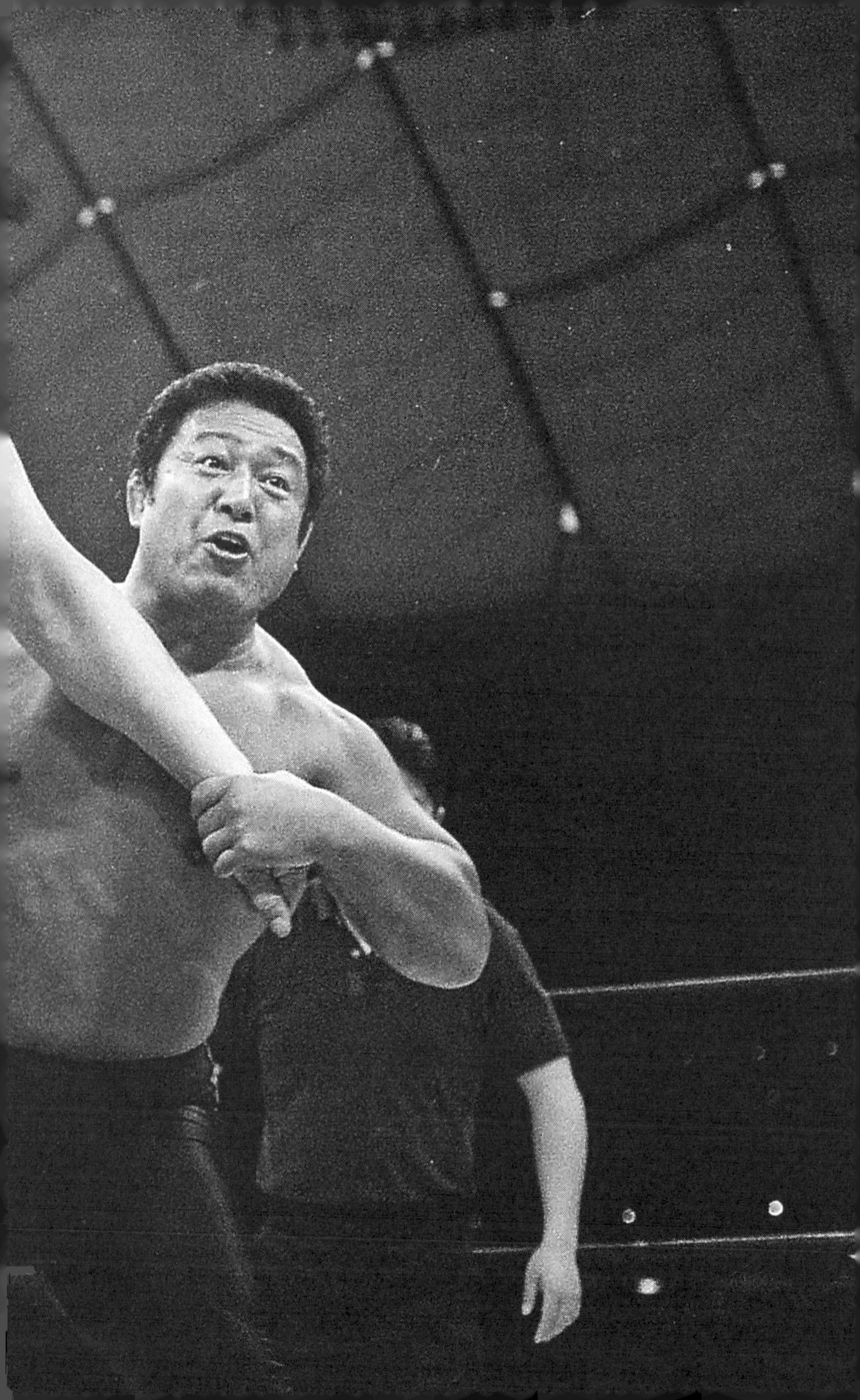

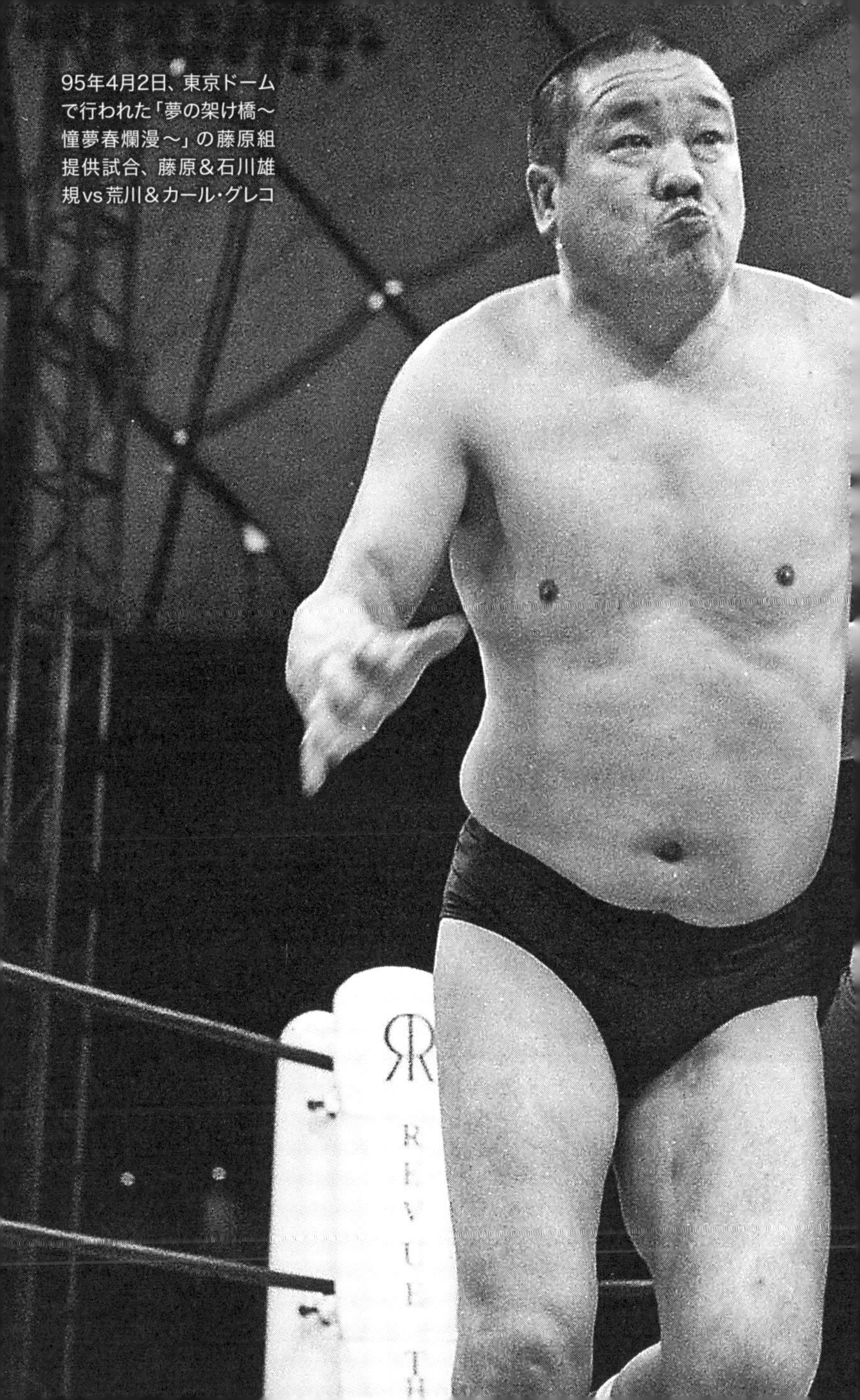

95年4月2日、東京ドームで行われた「夢の架け橋～憧夢春爛漫～」の藤原組提供試合、藤原＆石川雄規vs荒川＆カール・グレコ

それまで小鉄さんにはよくしてもらったよ。小鉄さんのキャデラックを運転して自宅まで送り届けると、「タクシーで帰れ」って、よく小遣いをくれてな。小鉄さんの家は赤坂の一等地にあったんだよ。奥さんのお父さんが畳屋で、小鉄さんは婿入りみたいな感じだったから、家も奥さんの実家関係だったんじゃないかと思う。なんせ赤坂だもんな。だいぶ前に俺がVシネマの撮影があって、小鉄さんの家の近くのコインパーキングに4時間くらい車を停めていたら、1万円近く取られたんだよ。「なんだこれ？　タクシーで来たほうが安かったんじゃねえか？」みたいなね。

小鉄さんの鞄持ちをやっていた頃、地方に行くと毎晩酒に付き合わされたな。ずいぶん羽振りがよかったけれど、今考えると、あれはおそらく会社のカネだな（笑）。小鉄さんは巡業責任者だったから、地方に行くと毎晩350万だ、400万だっていう上がりがあって、そのカネをジュラルミンケースに入れて、3～4日でいっぱいになると銀行に行って送っていた。そうなると、いくらか抜いてもわかりゃしねえよな（笑）。おいおい、これは書くなよ（笑）。

昔の興行っていうのは現金商売だから証拠が残りにくいんだ。たとえば、チケット50枚分のカネを懐に入れたところで、「招待券50枚出しました」ってことにしたら、もうわからない。小鉄さんの話じゃないけど、新日本の営業マンはみんな外車を乗り回して、金のブレスレット、金のネックレスなんかしてたんだ。サラリーマンの給料で、どうしてそんなものが買えるんだ？　あれじゃあ、いくらお客が入ったって新日本のビルなんか建つわけねえや。

昭和のプロレス興行っていうのは、やっぱりどんぶり勘定だった部分があるんだよ。豊登さんの金銭感覚なんてメチャクチャだもんな。豊登さんは日本プロレス時代、すごいギャラをもらっていたんだけど。もらったギャラの札束を自転車の荷台にくくりつけて、競馬場、競輪場と、どこまでも自転車で行って、いつも結局スッカラカンで帰ってきたっていうもんな。稼いだカネがあったら「これは全部使えるんだな」と思っちゃうんだろう。本当はそこから家賃、光熱費、生活費が必要で、税金も払わなきゃいけないのに、そういうのが抜け落ちてるんだよ。

でも、いい人だったよ。俺が新日本に入った時から大ベテランの大物だったけど、べつに威張ったりはしなかったしね。だから猪木さんも若い頃から慕ってたんじゃないかな。豊登さんは新日本の旗揚げから1年間だけいたんだけど、俺たちぺーぺーの若手に対しても怒ったりしないし、練習で厳しく言われたこともなかったな。そりゃそうだよ、自分もやらねえんだから（笑）。

あの人は「毎日洗濯するとパンツが傷《いた》むから」って言って、洗濯しねえんだよ。試合用のパンツも裏返しにしてプーッて口で霧吹きをして、陰干しして終わり。どうしてそうするかっていうと、相撲のまわしもそうなんだよな。まわしっていうのは洗濯しないで、うんこが着いたところをブラシで落とすくらいで、あとは霧吹きでパーッとやって干しておくもんなんだ。衛生面でどうなんだって思うかもしれないけど、豊登さんの場合、たいして汗もかいてなかったんだろうな（笑）。

豊登さんは試合前の準備運動もロクにせず、いつも「あー、今日も世界一しょっぱい試合をしに行くか」って言ってからリングに向かってたんだよ。そんな茶目っ気もあって、猪木さんのプロレスに対する姿勢とはだいぶ違ってたけど、とんでもない怪力は健在で、あれは天性のものだろうな。

豊登さんが小学生くらいの頃、道を歩いてたら人夫が4、5人がかりで木の電信柱を立てようとしていたらしいんだよ。でも、なかなかうまく持ち上がらなかったところを、あの人は「俺がやるよ」と言って一人で電信柱を持ち上げたっていうからね。新日本に出ていた時は、すでに一度、現役引退をしていたけど、手足の短いずんぐりむっくりな体型で筋肉の塊だった。ハッキリ言えばゴリラみたいなもんだよ。

また、あの人は勝手にあだ名や他人のリングネームをつけるのが好きだったな。小林邦昭さんに「サンペイちゃん」っていうあだ名をつけたのも豊登さんだよ。名前の由来は『釣りキチ三平』でもなければ林家三平でもなくて、なんかの役者か漫画のキャラクターに似てるってことでつけられたような気がするけど、よくわからない。サンペイちゃん本人に聞いてもわからなかったんじゃねえかな。

あだ名だったらべつになんだっていいけど、リングネームとなると大変だよ。上田馬之助さんとか林牛之助さんの名づけ親も豊登さんだろ。あとは北沢（幹之）さんがつけられた高崎山猿吉な。北沢さんの出身地が大分県だっていうだけで、いくらなんでも高崎山猿吉はないだろう（笑）。豊登さんがもっと長く新日本にいたら、俺も変なリングネームをつけられていたかもしれない。「お前は蛇みたいにしつこいし執念深いから、藤原蛇之助だ」とかな。危なかったよ（笑）。

山本小鉄から学んだ「理不尽な根性論」と「女の口説き方」

話を山本小鉄さんに戻そうか。小鉄さんといえば、なんと言っても道場での鬼軍曹ぶりだよな。非科学的な根性論の塊だよ。俺が若手の頃、寝技の質問をしたことがあるんだ。「ここはどうやって極めたらいいですか？」って聞いたら、その答えが「根性で極めろ！」だったからな。いくらなんでも根性じゃ極まらないだろ（笑）。

俺がスクワットをやりすぎてヒザに水が溜まった時も、普通のコーチだったら「おい、休んでおけ」とか、「違う練習しろ」って言うところだけど、小鉄さんは「ヒザが痛いだと？　スクワットで治せ！」だからな。治るわけがない（笑）。

昔、気仙沼かどっかで合宿をやった時、午前6時ぐらいから朝練だったんだよ。そしたらグラン浜田さんが起きてこないんだ。それで誰かが起こしに行ったら「腹が痛くて動けない」って倒れ込んでたんだ。そしたら小鉄さんが「腹が痛いだと？　スクワットで治せ！」って、また言い出してな。でも、浜田さんは真っ青な顔をして苦しんでるから、これはおかしいってことで病院に運んだら盲腸（急性虫垂炎）だったんだよ。すぐに手術したはずだけど、あの時、無理やり練習をやらせてたら、浜田さんはもう死んでたよな。

小鉄さんの非科学的な根性論の指導法は、今なら間違いなく問題になっているし、下手したら逮捕されていてもおかしくない。小鉄さんは昔から道場で竹刀を持っていたんだけど、あれは手で殴ると手が痛いから竹刀を使っていたわけだからな。

ただ、あの常軌を逸した厳しい練習がプロレスラーという怪物を生み出していたことも確かなんだ。スクワットでも腕立てでも、俺らが「もう限界だ……」と思ったところで竹刀でバチーンと引っ叩かれる。そうすると「小鉄の野郎〜！　そうはいくかい！」っていう怒りがパワーになって、あと10回とか15回できるんだよ。だから、ああいうことも多少は必要なのかもしれない。自分の限界を超えるためにはね。俺だって「強くなって、いつか小鉄を殺してやる！」みたいな思いで必死に練習をしたし、どうしても怒りが収まらないときは、台所の包丁を持ち出して寮の裏の白樺の木を斬りつけてな。やりすぎて白樺の木が枯れちゃったけど(笑)。

練習中は鬼の小鉄だったけど、練習が終わってちゃんこを食うときは、小鉄さんも俺たちと一緒になってくだらない話をしてくれたりして、面白かったよ。ただ、あのちゃんこの時間も考えようによっては拷問だけどな。俺は体ができていたからよかったけど、まだ17歳ぐらいで細かったサンペイちゃんとか、入ったばかりの頃の前田なんかは、腹一杯食わされてさらに「あとどんぶり3杯食え！」とか言われてたからな。体にいいわけがないよ。ご飯だってある程度食ったら、あとはウンコになるだけだからね。消化するにもよけいなエネルギーを使うしな。

でも、今考えると昔のプロレスラーが怪物だったのは、そういうことにも耐えられるような体を持った人しか生き残れなかったんだよ。運動能力や根性があるだけじゃなく、メチャクチャメシが食えたり、メチャクチャ酒が飲めたり、生まれつき内臓もとんでもなく強い人じゃないとプロレスラーにはなれなかった。そうやって振り落とされていたから、俺が入ったあとは3年以上誰も残らなくて、ようやく残ったのが佐山（聡）だったからな。1年で100人くらい入門してきたのに、デカくて才能がありそうだなと思ったヤツもみんな辞めていったから。

あの道場では、まず精神がズタズタにやられるだろ。次に体もズタズタにやられるだろ。それでも生き残れたのは生命力としか言いようがない。そこでコーチをやっていた小鉄さんは、今ならパワハラだなんだで間違いなく訴えられてるだろうけど、プロレス団体にはああいう憎まれ役が必要だったのかもしれないな。

俺にとって、師匠はアントニオ猪木さんとカール・ゴッチさんだけど、小鉄さんにはプロレスラーとしての精神を鍛えてもらったし、かわいがってもらったから、師匠のひとりには入れておいてもいいかな（笑）。

あと、意外かもしれないけど、小鉄さんからは女の口説き方を学ばせてもらったよ。あの人は近眼のくせに、美人かどうかだけは見極められるんだ。鞄持ちをやっていた頃、一緒に興行収益を銀行まで送金しに行くと、「おい、藤原。こっち側の後ろから3列目の銀行員、ネームプレートの名前を見ておけ」って言われてな。それで教えると、ホテルに戻ったあとすぐ銀行に電話して「新日本プロレスの山本です。○○さんに代わってください」って、その晩にデートの約束を取りつけるんだよ。

いちおう食事には俺もついていくんだけど、途中でこっそり3000円くらい渡されて、俺は「ちょっとトイレに行ってきます」と言って、そのまま帰るんだ。3000円はそのためのタクシー代。小鉄さんは、そのまま朝帰りだよ(笑)。

小鉄さんはそうやって使いすぎて、チンコがすり減ってしまったんだろう。チンコが小さかったからな〜。俺は風呂場で背中を流した時、「あれ？　小鉄さん、デベソですか？」って聞いたことがある。そしたら「バカヤロー！　これは俺のチンコだ！」って怒られたよ。ま、これはちょっと話をつくったけどな(笑)。

92年3月1日、横浜アリーナで
行われた小鉄＆星野勘太郎vs
ブラックキャット＆山本広吉

「闘魂イズム」コラム①

料理自慢が多い〝昭和新日本勢〟で最高の絶品ちゃんこを出したのは？

ジャンボ鶴田が、新日本プロレス道場に遊びに行った際（1978年10月）、こんなことを言ったという。

「こっちのちゃんこのほうが、うまい」

実際、新日本道場のちゃんこは絶品とされ、98年には大手コンビニを中心にカップスープ「キムチスープ 新日本プロレス道場の味」（希望小売価格200円。闘魂シール入り）が発売されたほど。そして、もともと手先が器用な藤原も、21歳から23歳頃までコックを生業としていたため、料理の腕は人後に落ちなかった。猪木も藤原の手料理のファンで、とくにわかめスープがお気に入りだった。「いつも肉を中心に食べるから、あっさりとしたもので締めたかったんじゃないか」とは、藤原の謙遜の弁である。

ちなみに、のちに居酒屋を開くキラー・カーンなど、料理自慢の多かった昭和新日本勢だが、最もうまいちゃんこをつくったのは、小林邦昭ということで衆目が一致している。藤原自身、寮を出たあとも、小林が寮長をしている新日本道場に電話をかけ、「ソップ炊きとかどうやってつくるんだっけ？」と、レシピを教えてもらっていたという。

新日本史上、最高に豪華だった荒川のちゃんこ

反対に、まったく料理がダメな選手もいた。代表的なのが髙田延彦で、「今日はポークソテーです」と言われ、選手が食卓を見ると、生の豚肉が大皿に盛られていたという。そこで髙田が放った一言、「各自、ご自由に焼いて食べてください」に選手全員がずっこけたという。

さらに手抜きだったのがドン荒川。「アマレスの大会で試合開始早々にドロップキックをやって、反則負けになった」というあまりにもよく知られた伝説で有名な〝トンパチ〟だったが、卓越したお調子者でもあった。言い換えれば、要領のよさでも知られていた。93年10月29日、猪木と藤原が藤原組の後楽園ホール大会でトークショーをした際、藤原が来場していた荒川を呼び込んだ。当時、メガネスーパー所属だった荒川の第一声はお調子者の面目躍如たるものだった。

「ここにいる方は、すべてメガネは5割引きにさせていただきます。本当に5割引！　ぜひメガネスーパーに来てください！」

そんな荒川は、髙田に負けず劣らず、ちゃんこ当番嫌いだったが、一度、荒川がちゃんこ当番だった日、かつてないほど豪華で、味も絶品の料理が並んだことがあった。それも、手の込んだ高級中華中心のメニューだった。

荒川は、近所から出前を取ったのだった。

「闘魂イズム」コラム②

藤原が始めた「カール・ゴッチ教」と晩年のゴッチが愛用したマグカップ

船木誠勝、鈴木みのるらの大量離脱があって以降、藤原組は団体経営に苦心したが、道場の維持費も悩みの種のひとつだった。広さがある分、家賃が72万円もかかっていたのだ。そこで藤原は、道場の有効活用に乗り出す。どんなテレビ番組でもロケ地として受け入れ、またファン参加の「関節技セミナー」を随時開催した（参加費は7000円。弁当付き）。さらに一般マスコミにも報じられる企画となったのが「道場婚」。道場とリング上を舞台にした、結婚式と披露宴であった（弟子の石川雄規もここで披露宴をしている）。

そして、結婚式の宗派は、「カール・ゴッチ教」！

「寝技に強くなる」のが売りの宗教で、牧師役は自前の衣装で藤原が務めた。本当にゴッチを〝神様〟にしたのだ。

実際、藤原のゴッチに対する畏敬の念は深かった。闘犬の最高種とされるアメリカン・ピット・ブルを藤原が飼ったのも、ゴッチが飼っていたから。寝技の技術を詳細にメモし、練習や実戦に役立てた「藤原ノート」をつくったのもゴッチを倣ったものだった。メモ魔な性格だけでなく、ゴッチはなにごとも追求していくタイプだった。藤原はその性質をそっくり受け継いだのだ。

ゴッチ式「ハワイで最強の清掃チーム」

ゴッチのマメさがよくわかる話として、かつて前田日明はこんなことを言っていた。

「ゴッチさんは試合にあぶれてた時期、ハワイの清掃局で働いていたんだけど、『どうやったら掃除の能率が上がるか』を日々研究しててね。で、『俺はハワイで最強の清掃チームをつくったんだ』とよく自慢してたんだよ（笑）」

そんな研究熱心なところが、藤原とゴッチのウマが合った理由のひとつだろう。藤原もなんでも極めたがる性格なのは周知のとおり。『芸能人 個展開きました』（BSフジ、2021年6月19日放送）という番組では、陶芸の腕前を披露。陶芸は1992年から始めた趣味だが、焼き加減のデータ分析だけでノートを何冊も費やしたというから打ち込み具合がすごい。99年には陶芸専用の窯を自宅に設置し、藤原はすぐさまアメリカのゴッチに連絡した。

「ゴッチさん、なんでも好きなものつくりますから、欲しいものがあったら言ってください」

するとゴッチは、自分の似顔絵入りのマグカップを望んだのだが、図解入りの手紙で、絵の位置やサイズ等、こと細かに指定してきたという。

ゴッチは07年7月に逝去。その数年前、藤原はゴッチが自宅でくつろいでいる写真を雑誌で見かけた。ゴッチの手元には〝藤原喜明作〟のマグカップがあった。

藤原喜明×前田日明

〝闘魂の遺伝子〟対談❶

苦しくも楽しかった昭和新日本の〝闘い〟と〝下ネタ〟の日々！

取材・構成■堀江ガンツ

PROFILE

前田日明

まえだ・あきら●1959年、大阪府生まれ。77年に新日本プロレス入団。将来のエースを嘱望され、イギリスに「クイックキック・リー」のリングネームで遠征。第一次UWFに参加したのち、新日本にカムバックしたが、「長州顔面蹴撃事件」で解雇される。88年の新生UWF旗揚げを経て、91年にリングスを設立。99年2月、アレクサンドル・カレリン戦で現役を引退。現在はYouTubeの「前田日明チャンネル」を開設し、元レスラーや関係者との対談などを公開。登録者数27万人超(2025年2月時点)の人気を博している。

「プロレスは闘いである」というアントニオ猪木の教えを新日本プロレスの若手時代から学び、猪木イズムを体現し続けた藤原喜明と前田日明。猪木も認めていたこの二人の弟子が、新日本道場で厳しいトレーニングに切磋琢磨した日々と、カリスマ猪木との思い出について対談。そして、闘魂の遺伝子を継ぐ〝昭和新日本〟の仲間たちへの悲喜交々の思いを語り尽くす。

「日本のプロレスは武藤の発言で死にましたよ」

――実は宝島社から出版した藤原さんの前著『猪木のためなら死ねる！ 最も信頼された弟子が告白するアントニオ猪木の真実』が、２０２４年に出版されたすべてのプロレス関係書籍でいちばん売れたらしいんですよ。

藤原 ありがたいことだね。

――そして次に出した藤原さんと前田さんの対談本『アントニオ猪木とＵＷＦ』も重版出来となり、今回は〝三匹目のドジョウ〟を狙っての出版となるわけですが（笑）。いまだに猪木さんやＵＷＦ関係の本が売れている現象についてどう思われますか？

前田 今になって猪木さんや昔の新日本プロレスの再評価みたいなことが起こってるんでしょうね。YouTubeでも猪木最強論みたいなのが出てて、猪木さんが（ヴァリッジ・）イズマイウとか、いろんな格闘家とスパーリングをやっている動画がアップされてるんだよ。

――YouTubeを通じて、当時を知らない世代からも再評価されているんじゃないか、と。

前田 今、ミスター高橋さんがYouTubeチャンネルを持っていて、藤原さんの「道場破り伝説」みたいな動画もあげてましたよ。

藤原 そう？ まあ、道場破りなんか今ではありえないだろうからな。昔のプロレスと今のプロレスだと、やっぱりどっか違ってたんだろう。

前田 ぜんぜん違いますよね。日本のプロレスは武藤（敬司）の発言で死にましたよ。

藤原 何か言ったの？

前田 「強さなんか求めてもしょうがないじゃないか。俺らはアマチュアの時に散々やってて知ってるから。プロレスと強さってなんの関係があるんだよ」みたいなことを言ってるんですよ。

藤原 なにぃ。そんなこと言っててんのか。

前田 だから武藤は俺と対談するときは、いつも気をつかうんですよ。もうアイツがしょうもないことを言ったら、臨戦態勢でしばいてやろうと思ってるからさ（笑）。

――しばく機会を虎視眈々と狙っているのがわかってるんですね（笑）。でも、昭和の新日本プロレスでの猪木さんの教えはまったく違ったわけですよね？

前田 ぜんぜん違うよ。猪木さんは俺が入門して、デビューする前ぐらいの頃に言ってたから。「これからのプロレスはアメリカンスタイルじゃなく、いずれは柔道や空手をやっているヤツらが俺たちの試合を観に来て、『なるほどな』と言わせるものにしていくんだ」って。

藤原　普通な、どんな競技でもアマチュアっていうのはプロの技術を学んだり、どうやって盗もうかと考えるものなんだよ。だけどプロレスだけは誰も考えないんだよな。でも、猪木さんはそれじゃダメだと思って、やっぱりアマチュアのレスラーや柔道家が見ても、「これは理屈に適ってるな」「これは参考になるな」と思われるようなプロレスにしたいということだったんだよ。

前田　俺はもともとプロレスファンじゃなかったから、新日本に入門するまではプロレスというものがまったくわかってなくてさ。入門してから猪木さんや藤原さんが言ってたことで俺のプロレスの定義ができたんだよ。だから対戦相手をボコボコに蹴飛ばして「アイツ、なんなんだよ！」って言われても俺のせいじゃないんですよ（笑）。

――猪木さんと藤原さんせいだと（笑）。

前田　俺は言われたとおりにやってただけだから。「お前、プロレスはこういうものだからな」「あっ、そうなんですね」って。

「関節技の練習をしたところでギャラが上がるわけじゃない」

――猪木さんは晩年まで「プロレスは闘いである」と言い続けてきましたけど、新日本でも前田さんのように素直に受け入れた人とそうでない人に分かれていたんですか？

前田　どうなんですかね？

藤原 分かれてたんじゃないの。

――以前、昭和の新日本でも寝技のスパーリングをやる組とやらない組で分かれていたと、うかがいましたが。

前田 分かれていたというより、俺が入った頃はスパーリングをやるのは藤原さんくらいしかいなかったんだよ。

藤原 佐山（聡）とはよくやってたけど、佐山は猪木さんの付き人で道場にいないことが多かったからな。

前田 だから俺と藤原さんぐらいでしたよね。

――前田さんはなんで藤原さんとスパーリングをやるようになったんですか？

前田 俺はもともと新日本に入る時、新間（寿）さんから「うちはモハメド・アリのジムとも提携しているから、アメリカのアリのジムに行かせてやる。その前に1年ぐらい、新日本の道場で体をつくったらいい」って言われてたからさ、俺もそのつもりだったんだよ。

でも、プロボクシングのヘビー級でデビューしたとしても、自分にチャンピオンになれる素質があるかどうかなんかわからないじゃん。だからその時は、アメリカで空手やいろんな格闘技の道場をやりたいなと思ってさ。せっかくプロレスに来たんだから、そういう技術もちゃんと覚えたいなと思ったんだけど、藤原さんしかやってなかったんだよね。それで藤原さんのところに「スパーリングをお願いします！」って言いにいったんだけど、そのたびに「シッシッ！ あっち行け！」みたいにあしらわれてさ（笑）。

藤原　だってな、コイツは68キロしかなかったんだよ。背だけは高くてひょろっとしてな。体もできてないのにいきなりスパーリングなんかしたら間違いなくケガするし、下手したら死ぬからね。俺も人殺しにはなりたくないからな。

前田　でも、ずっとつきまとってたら相手してくれるようになって。巡業中も俺と藤原さんの二人だけスパーリングをするようになったんだけど、リング上でやってると坂口（征二）さんに邪魔者扱いされてたんですよ。それでしょうがないから体育館の板の間でやったりしてたんで、「これは人数増やして多数派工作するしかないな」と思ってね。俺が寮長になった時、入門してきたヤツみんなに「スパーリングをやらなきゃいけない」って吹き込んだんだよね。だから道場でスパーリングをやっていたのは、俺が寮長になってからの合宿所組なんですよ。

――なるほど。藤原さんだけが細々と続けていた寝技のスパーリングが、前田さん寮長時代に〝必修科目〟みたいになったわけですね。

前田　そう。

――前田さんが入門する前、なぜ新日本の道場でも藤原さんや佐山さんしかスパーリングをやらなくなっていたんですか？

藤原　だって、いくら関節技の練習をしたところでギャラが上がるわけじゃないからな。そんな練習はせずにリングでいい格好してるヤツのほうがギャラが高いわけだから、普通はそっちに行くわな。

――関節技を身につけたところで、上に行けたり、テレビに出られるようになるわけじゃない、と。

藤原 だけど俺なんかはそんなことどうでもよかったから。人前に出るのは嫌いだし、そもそも人間不信みたいなところもあったから、周りのヤツらともそんなにしゃべらなかったからな。俺は家で盆栽をいじってるか焼き物をつくっている時間がいちばん楽しいんだよ。どうしてかっていうと、今日より明日、1ミリでも成長していたいなっていう実感が得られるから。それをプロレスで感じることができたのが、俺にとっては関節技だったんだよ。

――そう考えると藤原さん、佐山さん、前田さんが取り組んでいなかったら、新日本ですら廃れていく一方の文化だったんですね。

前田 イギリスなんかでもそうでしょ。だからリング上で俺と藤原さんがスパーリングをやってると、ピート・ロバーツ、レス・ソントンとかがリングサイドに見に来ましたもんね。

――カール・ゴッチ、ビル・ロビンソンを輩出した、イギリスの〝蛇の穴〟ビリー・ライレージム出身のレスラーたちが。

藤原 バッファロー・アレン（バッドニュース・アレン）っていうのがいたろ。いつも俺が前田とスパーリングやっているのを見て、アイツは「フジワラの野郎、若いヤツをイジメやがって」と思ったんだろうな。ある日、アイツがリングサイドまでやってきて、「ちょっと俺もコンディシ

ョン調整が必要だから」ってスパーリングを申し込んできたんでやったんだよ。そうしたら結局、アレンが「わかった、わかった。もういい」って言ってリングを降りていったんだよ。「あっ、これは本物かな」と思ったんだろうな。あいつも強かったよ。

前田　ただ、アレンはプロレスデビュー戦がひどかったですよね（笑）。

藤原　あっ、そう？（笑）。

前田　（ウィリアム・）ルスカと蔵前国技館で柔道ジャケットマッチをやった時、ルスカに100パーセント生のヘッドバットをやって、ルスカは血がピューッと出たもんね。

藤原　ちょっとクレイジーなところはあったよな。そりゃ、オリンピックであそこまでいけるのは半端な人間じゃないからな。

――アメリカ人初の柔道オリンピックメダリストですもんね。

藤原　俺はアレンや（アブドーラ・ザ・）ブッチャーと仲が良かったんだよ。なかには黒人が嫌いな白人レスラーもいたわけだから、よけいそうだったのかもしれないけどな。

前田　だからアレンとルスカみたいに試合中ケンカになったりすると、普通のプロモーターは怒るんだけど、猪木さんは何も言わなかったからね（笑）。

藤原　「おー、いいぞ。やれ、やれ」ってね（笑）。俺らがリング上でケンカになっても何も言われなかった。その代わり、だらけた試合をしていたら、試合中でも猪木さんや（山本）小鉄さんがリングに上がってきて、竹刀でボコボコにされたけどな。で、試合が終わってから「スクワットやってろ!」って、メインイベントが終わるまでやらされるんだよ。それを藤波(辰爾)さんがやらされたこともあって、何千回やったって言ってたかな?

前田 4000回くらいやったって言ってましたね。

藤原 考えられないよな。メイン終わるまで2時間あるから4000回ぐらいできるんだろうけど。それを言われたとおり真面目にやるほうもやるほうだよな。みんなプロレスに対して真面目だったんだよ。

前田 だから試合会場ではだいたいピリピリしてましたもんね。

藤原 猪木さんが会場の空気が緩むのを嫌ったんだよ。それは客にも伝わるし、気が緩むとケガするからな。そのケガっていうのは単なる骨折なんかじゃない大ケガだよ。下半身不随とかそういう危険性があるからピリッとしなきゃいけないんだよ。

前田 それで自分らは毎日ブリッジをやってたじゃないですか。だから首をケガしなかったんですよね。今のヤツらが試合中に首を折ったとかいう話をよく聞くから、どんな技でケガしたのか動画を観てみると、「えっ、これで折ったの?」って感じの技ばっかりだよ。

藤原 まあ、ケガって不思議なもんで、見た目で「うわーっ!」と思うようなのが意外と大丈夫だったり、「なんだ、こんなのでケガするのか」って見えるものが大ケガになったりすることがあるからな。だから常に緊張感を持っていることが大事なんだよ。そういう空気を猪木さんや小鉄さんは常につくっていたよな。

〝スクワット万能論者〟だった山本小鉄

――当時の新日本において、山本小鉄さんはどんな存在でしたか？

前田　「過激なプロレス」っていうムードを浸透させてたのは、山本さんですよ。練習でも先頭に立ってやっていたからね。

藤原　俺も前田もよくかわいがってもらったよな。

前田　俺なんか入門当時はちゃんこの時も山本さんが「メシは何杯食った？」ってずっとへばりついてましたからね。

藤原　今だったらあれも一種のパワハラだよな。腹いっぱいでもう食えなくて、「ウエ～ッ」ってやってるのに「あともう一杯食え！」って。その一杯もどんぶりだからな。

前田　練習が終わって14時ぐらいから昼めしを食い始めて、いつも16時ぐらいまでひたすら食ってましたからね。それでもう腹がパンパンじゃん。でも、また夜に練習したあとちゃんこを食べて。さらに小林邦昭さんに「ステーキ食いに行こう！」って「アミーゴ」っていうステーキ屋に連れて行かれて（笑）。だから入門して最初の3年はずっと胃拡張だよ。

――でも、それだけ小鉄さんは親身になってくれていたってことですよね。

前田　俺らは道場での山本さんしか知らないから、家ではどうしてたのかなと思ってね。それで奥さんに聞いてみたら、奥さんは大学で准教授みたいな仕事をしていたから、家事は山本さんがやってたんだよ。すごく奥さんを大事にしてたんだよね。

藤原 あっ、ホント？ でも、優しいところもあったよな。

前田 だから山本さんが亡くなってからずいぶん経ちますけど、奥さんはいまだにメソメソしてますよ。「主人のことを考えない日はありません」ってね。俺が雑誌や新聞とかで山本さんの話をしてそれが記事になると、すぐに奥さんから「いつも主人のことを言ってくれてありがとうございます」っていう電話がかかってきますから。

藤原 いい話だな。俺も最初は小鉄さんのカバン持ちをやっていたから、すごくよくしてくれたよ。練習以外はな。

――練習は鬼の小鉄でしたか（笑）。

藤原 ある時、右ヒザに水が溜まって歩くのも大変だったんで、練習前に「今日はちょっとヒザが……」って言ったら、「ヒザが痛いだと？ スクワットで治せ！」と言われたからね。「治るわけねえだろ……」って思いながらスクワットを1000回だよ。

――小鉄さんってスクワット万能論者みたいなところがありますよね（笑）。

藤原 風邪で高熱が出ても「酒を一升飲んでスクワットで汗にして流せば治る！」だからな（笑）。

前田 なにかと言うとスクワットなんだよ。かと思えば、（ドン）荒川さんは朝から晩までベンチプレスやってるし。

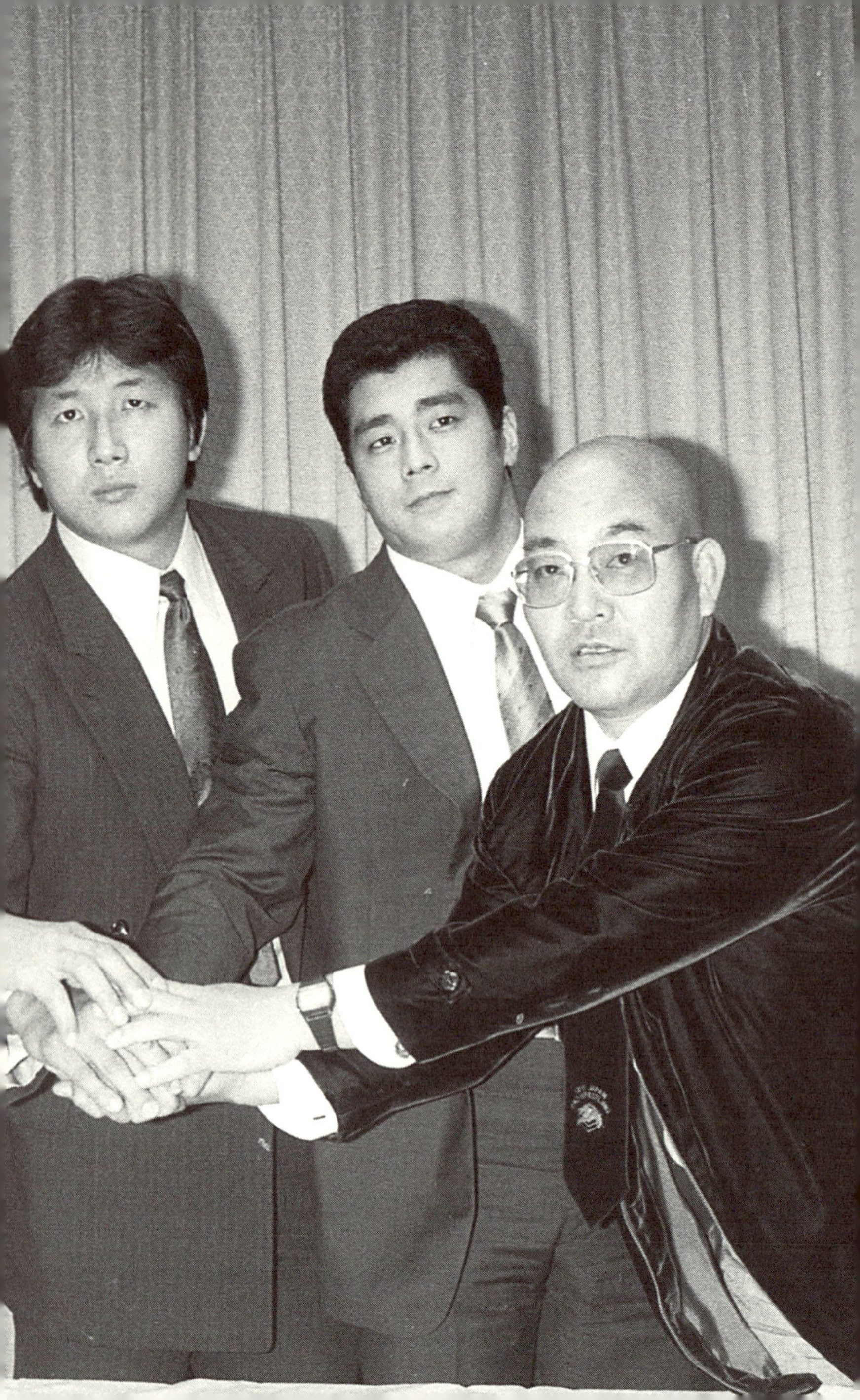

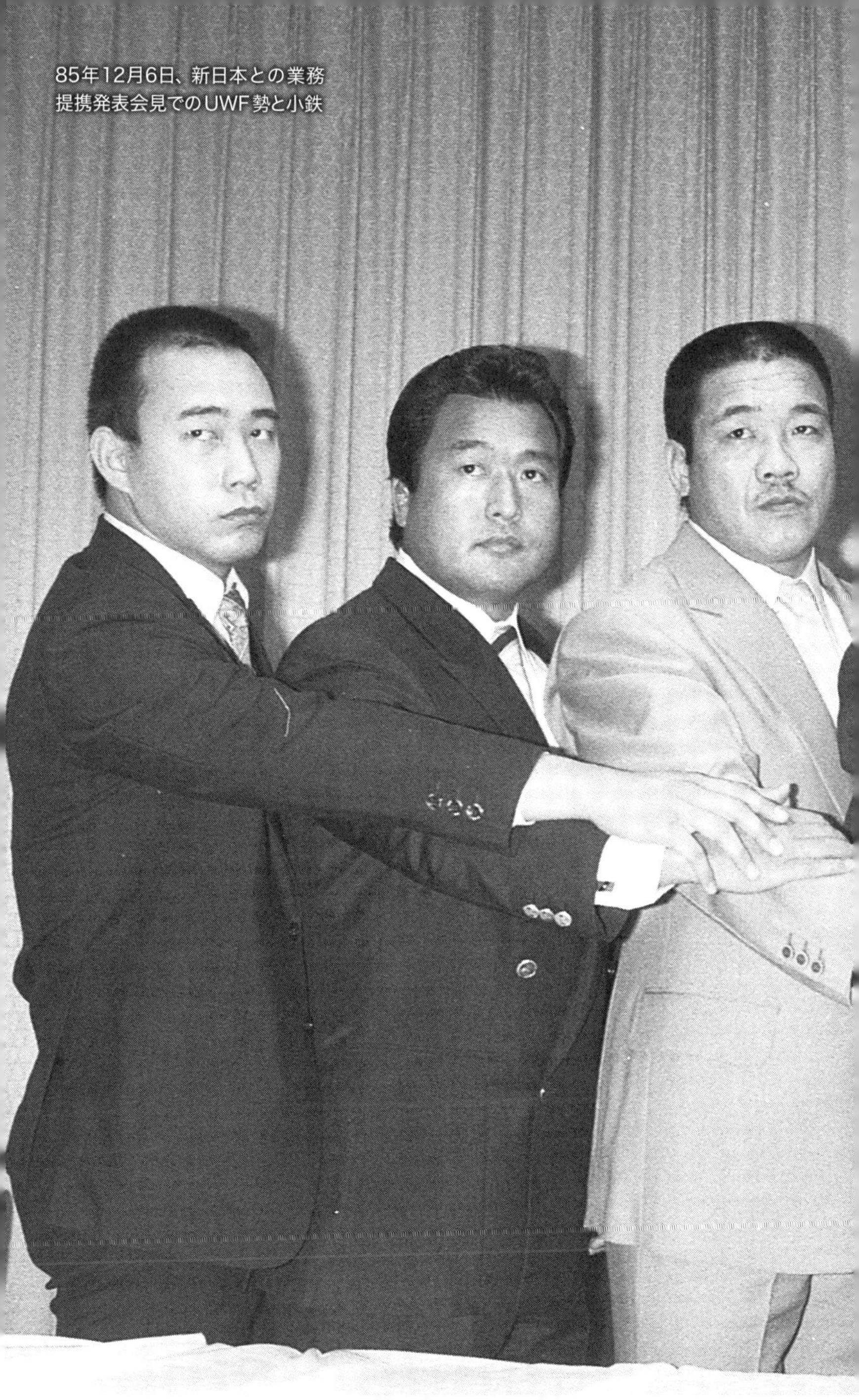

85年12月6日、新日本との業務
提携発表会見でのUWF勢と小鉄

藤原　変なのが多かったよな〜（笑）。

前田　俺が入った時は荒川さんが寮長だったんだけど、昼間の練習も夜の練習も毎日ベンチプレスをやってるんだよ。1日に40〜50セット。それで俺も荒川さんがやれって言うからやってたんだけど、「毎日ベンチプレスだけやっててていいのかな？」ってふと疑問に思ってさ。「荒川さん、肩の筋肉はどうやって大きくするんですか？」って聞いたら「ベンチプレス」。「じゃあ、背中は？」「ベンチプレス」。「じゃあ、腕は？」「ベンチプレスをやってればいいんだよ！」って、全部ベンチプレスなんだよ（笑）。

藤原　だけどベンチプレスで上半身の7割近くは効くからね。

――荒川さんの場合、回数が異常に多いから最終的には全部に効いちゃうんですかね（笑）。

前田　でも、荒川さんはベンチプレスをやってる最中に大胸筋を断裂して、できなくなったんだよね。

藤原　合同練習の時な。あのあと、荒川さんは病院に行って医者に「すぐに手術しましょう」って言われたんだけど。「手術したら治るんですか？」と聞いたら、「いや、完全に治るかどうかはわかりません」って言われたら、「じゃあ、やめときます。おあいそ！」って言って帰ってきたからな。メチャクチャだよ（笑）。

――「おあいそ」って飲み屋じゃないんだから（笑）。

前田　それでベンチプレスができなくなったもんだから、一時期はバーベルスクワットを一生懸命やってたんだけど、合宿所でみんなでメシを食ってたら、道場から「ワー！」「ギャー！」って声が聞こえてきたんで何かと思って行ってみたら、荒川さんが200キロくらいバーベルを担いだまま潰れてるんだよね。それで「どうしたんですか？」って聞いたら、「お前、何やってんだよ！ 助けろよ！」ってバーベルの下敷きになったまま言ってて（笑）。それでもうスクワットもダメだとなって、今度は走ることになったんだよね。

――荒川さんはベテランになってからマラソン大会によく出てましたけど、そういう理由だったんですね（笑）。

前田 昔は練習で道場から多摩川の河川敷を走って巨人軍のグラウンドまで往復してたんだよね。それで一緒に走ると、荒川さんはいつも最初の400〜500メートルくらいはすごいダッシュで走っていくんだよ。でも、500メートルを過ぎると「はあ、はあ……」って全然動けなくなる（笑）。

藤原 相撲もそうだったよ。荒川さんと相撲を取ると十番までは強いんだよ。でも、それを過ぎると俺の連勝になるんだよな。

前田 二人とも巡業中の試合前に相撲を取り始めても、どっちかが完全に勝ち越すまでやめないんだよね。1時間ぐらいずっとやってて（笑）。

藤原 負けたほうが必ず「もう一番！」「もう一番！」って、いつまで経っても終わらねえんだよ（笑）。

前田　なんかしょっちゅう言い合いをしてたりとか、ムキになって相撲取ったりしてたんで、「この二人、仲悪いんかな？」って思ってたら、妙に仲が良かったりするときもあってね。

「猪木さんの一番のお気に入りが佐山さん」

――新弟子時代の前田さんに「新日本にはホモの洗礼がある」っていういたずらをしたのもそのコンビですもんね（笑）。

藤原　そうそう。妙に気が合ってね（笑）。

前田　巡業で洗濯物を抱えて藤原さんや荒川さんの部屋に行ったらさ、本当にスッポンポンで抱き合ってたからね。

藤原　「ああ、マコちゃん」「ああ、よっちゃん」って言いながらな。それで前田がドアを開けたらギロッと睨みつけて、「お前、誰にも言うなよ！」って脅してな（笑）。

前田　それはビビるで（笑）。

――それはビビりますね（笑）。

藤原　前田は持っていた洗濯物を落としたまま走り去ってな。どこに行ったかと思ったら猪木さんのところに行ったらしいんだよ。「藤原さんと荒川さんが……」って話したら、猪木さんも「あいつら新弟子をからかってるな」ってピーンと来たんだろうな。「そんなもん当たり前だ。男同士で掘りあって足腰が強くなるんだ。お前ももうすぐデビューだな。俺か小鉄か藤原か、誰がいい？」って言われたら、こいつが悩んでな。「藤原さんでお願いします！」って言ったまま、どこかに走り去ったらしいんだよ。俺はまだ前田にケツ貸してもらってないけどな（笑）。

前田 その頃、新弟子って俺しかいないんだよ。誰にも相談できないから、何が本当で何が嘘かもわからないから、もうみんなからいじり倒されたよ（笑）。

藤原 でもね、変なイジメはなかったよな。だからクソ真面目な前田は、ある意味でみんなからかわいがられてたんだよ。「あいつ、なんでも信用するから騙しがいがあるぞ」ってな（笑）。

――前田さんの新弟子時代、佐山さんとの関わりはどうだったんですか？

前田 俺が入った頃は、佐山さんは猪木さんの付き人としてつきっきりでずっと一緒に行動してたんだよね。あの頃の猪木さんの一番のお気に入りが佐山さんだったんで、合宿所にもほどんどいなかった。だからそこまで関わりはなかったんだよ。

――藤原さんの前著『猪木のためなら死ねる！』での対談では、佐山さんも付き人時代に「猪木のためなら死ねる！」っていう気持ちだったと言っていたんですけど、前田さんはどんな気持ちで猪木さんと接してましたか？

前田 俺の場合は、ずっとテレビで観てた人が目の前にいるって感じで、いつもほわんとした感じだったんだよね。

――心酔するというより、ちょっと現実味がない感じですか？

前田　いや、俺が入った頃の新日本のレスラーはみんな猪木さんを神様みたいに崇めていたよ。俺が猪木さんの付き人をやってた時、シャワーを浴びたあと髪型を整える際に付き人が鏡を持つんだけど、その時の猪木さんの目がすごくキレイなんだよね。白目の部分が真っ白で透き通った明るい茶色の目をしていてさ。いつも鏡を持ちながら「キレイな目をしてるなぁ」って見ていたね。

藤原　猪木さんはカッコよかったよな。首が太くてアゴがちょっと出ていて。猪木さん自身はすごくアゴのことを気にしていたけど、俺からしたらアゴも含めてカッコいいのになって思ってたよ。

前田　猪木さんがアゴを気にしているのをよく知ってるのに、藤原さんと荒川さんは悪いんだよ。

――また、何かイタズラされましたか？（笑）。

前田　俺が入った時、藤原さんと荒川さんが何度も聞くんだよね、「お前、巨人症だろ」って。それで「いや、違いますよ。俺、ちゃんと病院で調べたことがありますから」って言ったら、「医者になんて言われたんだよ？」って聞くから「『巨人症っていうのは、アントニオ猪木みたいにアゴが出ていたり、ジャイアント馬場みたいに足が異常に大きかったりするもので、それを末端肥大と言うんだよ。キミはそうじゃない』って言われました」って言ったんだよ。そしたら二人が俺を猪木さんのところに連れて行って、「おい、前田！　さっき言ってたお前が巨人症じゃないことを、猪木さんにも説明しろ！」って言うんだよ（笑）。

――さっき言ったとおり説明しろと（笑）。

前田 それで「医者からはこう言われました」って、さっき言った「巨人症っていうのは、アントニオ猪木みたいにアゴが出ていたり……」って説明したら、猪木さんがなんとも言えない顔をしててね（笑）。それを面白がって何回もやるんだよ。

――悪いですね～（笑）。

前田 ホントに悪いよね（笑）。

――猪木さんが気にしてることを前田さんに言わせる（笑）。

藤原 それだけお前のことをかわいがってたんだよ（笑）。でも、楽しかったよな。

前田 今思うと、猪木さんはなんであんなことをされても怒らなかったんでしょうね？

藤原 いや、ずっとあとになってから言ってたよ。

前田 なんて言ってました？

藤原 「藤原と荒川が前田に言わせたんだろう」って。バレてたんだな（笑）。あの人は執念深くてね、「私は過去のことはすべて忘れています」なんて言ってたけど、何十年も前になる細かいことも全部覚えてたからね。

昔、地方で体育館の中2階にある控室にいたら、下の階から「猪木、バカヤロー！ 出てこい！」っていう野次が聞こえてきたんだよ。それで俺が猪木さんのほうをパッと見たら、「行け！」って目で合図されたから、中2階から100キロの俺が飛び降りていったんだよ。野次飛ばしてたヤツらは4人組だったんでボスみたいなヤツをぶん殴ろうと思ったら、上から猪木さんが「コラー！　お前、お客様になんてことをするんだ！」って言うから、「えーっ!?」と思ってさ（笑）。

――猪木さんが「行け！」って合図したのに（笑）。

藤原　それで控室に戻ったあと、ぶん殴られるかなと思いながらも嫌味を言ったんだよ。「これじゃあ、人気も出るわな」ってな。そしたら猪木さんが笑ってんだよ。あの笑顔で全部許されちゃうんだけどさ。それから何十年も経ったあと、猪木さんと六本木で飲んでいる時にこの話をして、「覚えてますか？」と聞いたら、「おう、宇都宮の体育館だろ」って覚えてるんだよ。けっこう執念深い人だったよな。

――やはり猪木さんは野次には厳しかったんですか？

前田　自分らが試合前にリング上で練習してると、遠くから「猪木！　今日は八百長すんなよ！」って言ったヤツがいてさ。俺はどうしたもんかなと思って猪木さんの顔をパッと見たら、「お前ら、あんなことを言われて黙っているのか！」って怒られたんで、すぐに捕まえにいって表につまみ出したことがありますよ。

藤原　よくつまみ出したよな。

前田　寮長の頃は俺が率先してつまみ出してましたね。地方でタチ悪いヤツをつまみ出したり懲らしめたりすると、あとで宿泊先の旅館にヤーさんみたいなのが来ることがあるんだよね。そしたら山本さんが藤原さんと俺を呼んで、ヤクザの前でまず俺をぶん殴って、さらに「お前の指導が悪いから前田がこんなことするんだ！」って言って藤原さんのこともボコボコに殴り出してさ。そしたらヤクザが「いや、そこまでしなくても大丈夫です」って、引き下がったりね（笑）。

藤原 俺らは殴られるのが商売だからな。ヤクザがビビるほど殴るんだよ。さすがに殴りすぎだろって頭にきたけどな（笑）。でも楽しかったよ。

――そうやってプロレスを守ってたわけですね。

藤原 今振り返ると、一つひとつの思い出が懐かしいよ。「苦しかったけど楽しかったな」って。いい人生だったよ。

最先端だった猪木のファッション

――前田さんは先ほど、猪木さんの目がキレイだったことが印象に残ってるとおっしゃってましたけど。やはり猪木さんのカリスマ性というのは、プロレスに対する姿勢だけじゃなく、ルックスも含めたすべてからにじみ出てくるものなんですかね。

前田 猪木さんはすごくオシャレでね。巡業中でもいつもスーツを何着か持って歩いてて。見たこともないようなオーデコロンを使ってましたよ。

藤原 俺はよく猪木さんから靴をもらったな。すべてイタリア製だよ。

前田 グッチの工場に猪木さんの足型があるんですよ。だから猪木さんが履いていたのはあつらえのブーツ。それを俺は猪木さんからもらったんだよね。

藤原 寸法は合ってたの？

前田 合ってたんですよ。

藤原 あっ、そう？　俺もぴったりだったから。俺たち足のサイズが一緒なのか（笑）。

前田 当時、俺はグッチなんて知らなくて、ブーツなんて履いたこともなかったんですけどね。日本にブランドブームが来る何年か前だったから。でも、猪木さんからはエルメスのベルトや、グッチのブーツとか、いろんなものをもらいましたよ。

――ファッションの面でも猪木さんは最先端だったんですね。

前田 俺は入門してからいろんな先輩に服をもらったんだけど、先輩からもらった派手なアロハシャツ着て、スラックスみたいなのを履いて実家に帰ったら、親父が「お前もとうとうその世界に入ったんか」って、俺がヤクザになったと勘違いして（笑）。

――昭和の時代は野球選手もプロレスラーも私服はそっち系が多かったですよね（笑）。

藤原 その点、猪木さんはカッコよかったよな。俺はブーツ5、6足を猪木さんからもらった。

前田 俺は何回か引っ越してる間に盗まれましたよ。いつの間にかなくなっちゃって。

藤原 道場や合宿所にもよく泥棒が入ったからな。

前田 鍵もかけずに巡業出てたから、入り放題でしたよね。

藤原 あの道場と合宿所ももともと猪木さんの家だったんだよね。合宿所の大掃除をやったら、

新日本のファッションリーダーだった猪木（76年）

何百万もしそうな絵画だとかいろいろ出てきたんだけど、みんなカビが生えてるんだよ。猪木さんは物欲っていうのがあまりなかったな。

前田　猪木さんは昔、家でライオンを飼ってましたよね。

――ライオンですか!?

藤原　そうだよ。マンションで飼ってたらだんだん大きくなってな。

前田　それでさすがに家で飼えなくなって動物園にあげたんですよね。

藤原　メチャクチャだよな。

前田　俺が入門した頃はセントバーナードがいたんだよね。当時、合宿所には俺と荒川さん、佐山さん、大城大五郎さんの4人しかいなかったんだけど、1日のちゃんこ銭が1万5000円もあったんだよ。それを使い切らないと減らされちゃうからさ、当時高かった牛肉とか毎日3～4キロ買って、食い切れない分を全部その犬にあげてたんだよ。すごかったよ。

――猪木さんは海外に行くと、いろんな生き物を買ってきたり、もらってきたりしていたらしいですね？

藤原　ガラガラヘビとかな。

前田　ガラガラヘビも飼ってたんですか？

藤原　どこかから送ってきたらしいんだよ。それが事務所に置かれていて、中から変な音がするから、誰かが「なんだこれ？」と思って開けて見たらガラガラヘビだったんだよ（笑）。

――まだワシントン条約の規制もない頃だったんでしょうね（笑）。

藤原 象牙なんかも合宿所の大掃除していた時に出てきた記憶があるんだよ。

前田 なんかありましたよね。俺、猪木さんの家で象牙を見たことがありますよ。

藤原 こ〜んなでっかい象牙がセットで2本だろ。メチャクチャだよな。

前田 猪木さんにはでかい後援会があって、いろんなものが贈られてたんですよね。道場にあるトレーニングマシンにも「アントニオ猪木後援会」って書いてありましたよ。

藤原 でも、猪木さんはスポンサーに頭下げて回るとか、あんまりそういうのに興味なかったよな。向こうから来るんだろうな。

前田 入門してしばらくした頃、佐山さんが「格闘技大戦争」（1977年11月14日、日本武道館）に出ることになって、やれ練習だ、合宿だとなったんで、俺が代わりに猪木さんの付き人としてスポンサーのところにも連れて行かれたんだよね。そうすると、食ったこともない豪華な料理をいろいろ食わされるんだよ。満漢全席とかさ。当時は何もわからないから、「熊の手を食え」って言われても「どうしたらいいんだろ……？」と思ってさ。

藤原 クマってしまった？（笑）。

前田 （無視して）だから中華料理でもフランス料理でも最高のものを食べていたと思うんだけど、何を食べているのかわけがわかってなかった（笑）。

藤原 もったいないよな〜。

前田　藤原さんもそういう店にはいっぱい行ったでしょ？

藤原　行ったよ。寿司屋でもステーキ屋でも最高の店にな。

前田　ステーキも最高級の松坂牛で、口に入れたら嚙まなくても舌で押しただけで肉が溶けていったからね。

――今でいうシャトーブリアンだったんでしょうね。

前田　それもその年の和牛博覧会だかで優勝した松坂牛だからね。「ぜひ、猪木さんに」っていう感じで出されたのをわけのわからない俺まで食べてたんだから（笑）。なんか別世界だったね。

藤原　でも、猪木さんはいつもそういう場に出ていって、常に「アントニオ猪木」でいなければいけなかったから、かわいそうでもあるよね。いつもビシッとしてなきゃいけなかったからさ。それは亡くなるまでそうだった。だから晩年はよく「六本木まで来いよ」と電話をくれて、気をつかわないで済む俺と一緒に酒を飲んでくれたんだ。ありがたいよな。

毎日が修学旅行！

――前田さんが若手の頃、坂口征二さんの印象はいかがでしたか？

前田　坂口さんはあんまりベラベラしゃべらなかったね。

藤原　あんまり練習もやってた記憶ないしな（笑）。でも、酒は強かったよ。

前田 酒は強かったですね。

藤原 だから巡業中に宴会をやると、最後まで残るのはだいたい俺と荒川さんと猪木さんと坂口さん。それで俺らが酔っ払ったフリをしてちょっと絡むわけだ。そうすると猪木さんも坂口さんも「わかった、わかった」って、子守りをするように接してくれるんだよ。俺と荒川さんが酔っ払って殴り合いのケンカになったりしても坂口さんが「まあまあ、やめておけ」って仲裁してくれてな。俺たちもわざとやってたところがあったから、坂口さんには甘えさせてもらったよね。

――巡業を取りまとめるのも坂口さんだったんですか？

前田 いや、俺の時代は山本さんだよ。マッチメイクもそうだったから。山本さんは、みんなのやる気を出させようとして、いい試合をしたらお金をくれてね。あれはいくらでしたっけ？

藤原 たいした額じゃなかったけど、認めてもらえることが大事だったよ。俺はシリーズの3分の2くらいはもらってたよ。俺らは前座だから、入場する時は拍手が少ないんだけど、帰りは俺のほうが多く拍手をもらってやろう」と思って試合をやるから、控室に戻る時にお客から大きな拍手をもらえたら、「今日は俺の勝ちだな」みたいに思ってたよ。

――当時の前座は入場テーマ曲もなかったんですよね。

藤原 テーマ曲なんてずっとあとだろ？

前田 ずっとあとですね。猪木さんが「イノキ・ボンバイエ」を使い始めたのも俺が若手の頃ですよ。新間さんが突然、「（モハメド・）アリから曲をもらってきた」とか言ってかけ始めて。あれ、本当は「アリ・ボンバイエ」なんだよ。

――キンシャサの奇跡を描いたドキュメンタリー映画『アリ／ザ・グレーテスト』（77年公開）の挿入歌ですよね。

前田　最初聴いたときは、「なんか変な曲だな。猪木さんはどうするのかな？」って正直思ったんだけど。

――そうだったんですか（笑）。

藤原　俺はいい曲だなって思ったけどな（笑）。

前田　「なんだこれは？　阿波おどりかよ。もうちょっとカッコいい曲はないのか？」って（笑）。

――でも、今や不動の人気テーマ曲1位ですからね。

藤原　猪木さんが入場すると盛り上がりがすごかったもんな。会場はどこも満員でな。

前田　あの頃は小さめな会場でも5000人は入ってたよ。

藤原　だから3000～4000人くらいだと、「今日は客が少ねえな」って言ってたもんな。

前田　日本全国で人口が10万人以上いるところには全部行ってましたよね。野外の特設リングでも3000人くらい入ってたから。夏場に夜の試合だと、蛾とかいろんな虫がリングの上を飛んでてさ。いつも殺虫剤かけて、マットに落ちた虫を掃除してましたよ。何匹かそのままマットの上でウヨウヨしててさ、その上にボディスラムやられて背中に変な虫がくっついて、翌朝起きたらブツブツだらけになったりね（笑）。

──ある意味、夏の風物詩ですよね（笑）。

前田 俺が若手の頃、特設リングにカブトムシとクワガタがいたんだよね。それで俺が、「山本さん、カブトムシとクワガタがいました！」って言ったら、「馬鹿！ そんなのいいんだよ。早く掃除しろ！」って（笑）。

藤原 夏休みの小学生じゃねえんだから（笑）。

前田 当時の俺にとったら、毎日が修学旅行みたいなもんでしたからね（笑）。

特別な存在だった倍賞美津子

──当時の新日本のレスラーは日本全国でモテていたっていう話も聞きます。

前田 みんな全国の主な所にそれぞれ彼女がいましたよね？

藤原 あっ、そう？ 俺はあまり知らないな。女にはあまり興味がないから（笑）。

前田 またまた～（笑）。

藤原 俺はいつ前田が相手してくれるかを楽しみにして生きてきたようなもんだよ。まだケツを借りてないけどな（笑）。

前田 今、痔があるんでダメですよ（笑）。

──当時の新日本のレスラーは、テレビに出てるスター選手だけじゃなく前座や若手選手もみんなモテてたわけですよね？

前田　当時はファンレターもどっさり来たよ。自分の写真入りのやつが。

藤原　一度いたずらで、前田に来たファンレターに俺が返事を書いたんだよ。「僕はもうすぐヨーロッパに行きます。できればあなたと結婚して一緒に行きたいです」とかな（笑）。

前田　そのせいで俺は、相手の親族を交えて修羅場だったんですよ！（笑）。

――ひどすぎる（笑）。当時、とくにモテてた人は誰だったんですか？

前田　小林さんだよ（即答）。

――やっぱりそうなんですね。

藤原　だって小林さんに「ウチの娘をもらってください」って、お父さんが来たらしいからね。その人はビルをいくつも持ってる人で、「結婚していただけたらマンションを差し上げます」と言われて、1部屋かと思ったらマンション丸ごと一棟だったたって言ってたからな。

前田　俺もそういうことがありましたよ。イギリスから帰ってきて、ある造船会社の娘と付き合ってたんですよ。その子に「なんていう名前の造船会社なの？」って聞いて、当時はどのくらいの規模の会社なのか全然知らなかったんだけど、この前、たまたまテレビを観ていたら、日本の三大造船会社の一つだったんだよ。ビックリしたよ！（笑）。

藤原　お前、その時に結婚してたらよかったのに（笑）。

前田　いやあ、今だったら結婚してましたけど（笑）。当時の俺は世間知らずで何も知らなかったからね。そもそも結婚なんてまったく考えてなかったし。

――まだ20代前半でモテまくってたわけですもんね。

前田　いくらでも自由になるもんだから、そうなると結婚とかまともなお付き合いみたいな考えがゴソッと抜けちゃうんだよ。いつまでもそういう状態が続くと思っちゃってさ。

――恋愛の感覚が麻痺しちゃうわけですね。

前田　今、問題になってる中居（正広）だってそうだよ。各テレビ局がさ、自分のところの若い女子アナを連れて「はい、どうぞ」って来るわけでしょ。民放キー局の女子アナって、その年の大学ミス・コンテストの1位ばっかりじゃん。それとヤりたい放題だよ。しかも、いまだにプロデューサーに騙して連れて来させて、9000万円も示談金払うようなことをやってるわけでしょ？　それでいけしゃあしゃあと「俺は結婚に向いてない」とか言っててさ。そりゃそうだろ！って（笑）。

藤原　あ～あ、ダメだこりゃ。

前田　50歳すぎたジジイが、よく言えるよ。20歳ぐらいの右も左もわからない若い頃に、何か間違いがあったならまだわかるけど。

――そう考えると、20代のうちに倍賞美津子さんと結婚した猪木さんは、そういった面で真面目ですね。

前田　いや、当時の俺でも倍賞美津子さんと付き合ってたら速攻で結婚してるよ！（笑）。

——お相手が倍賞美津子さんだったら話が違う、と（笑）。

前田　誰が立ちはだかってもすべて排除して結婚するよ（笑）。

——その倍賞さんと結婚した猪木さんも相当モテましたよね？

前田　だろうね。

——藤原さんはそのへんはご存知ですか？

藤原　プライベートなことは何も知らないよ。

前田　でも、猪木さんは若いときにアメリカ遠征でロスのホテルに泊まったら売春婦がいて、みたいな昔話をしてくれましたよね。

藤原　そんな話なんか知らないよ。知ってても話さない……でもまあ、あの頃の海外遠征にはそういう話はいっぱいあっただろ。

前田　リングスができて1991年に初めてロシアに行った時、共産党が運営しているスポーツマンホテルというメダリスト級の選手しか泊まれないようなところに泊めてもらったんだよ。そしたらフロントのロビーに「ハリウッド女優か!?」みたいなキレイな女の人がたくさんいてね。自分の部屋に入ったら、コンコンってノックされて「ドウデスカ？　ワタシ、トモダチニナリタイ」ってカタコトの日本語で話してくるんだよ。

——ロビーにいた美女はそういう人たちだったんですね。

前田　俺はずっと断ってたんだけど、一人すごくキレイなんだけど押しが強い女の人がいてさ。

「私、日本の友だちがたくさんいます」って名刺を出してきたんだよ。その名刺を見たら、極真空手のお偉いさん、少林寺拳法のお偉いさん、全日本柔道連盟のお偉いさん、あと有名なオリンピック選手とか持ってるんだよ。「なんだコイツら、みんな兄弟じゃねえか！」って（笑）。

――まさに人類みな兄弟ですね（笑）。

前田　もうビックリしたよ（笑）。

――強い男たちが世界中を飛び回るのには、そういうロマンがありますよね（笑）。

藤原　それをロマンって言うのかよ（笑）。

藤原が前田に教えた〝セックスの極意〟

前田　藤原さんも昔はそういう話をさんざんしてたじゃないですか。俺が入門した頃、寮の部屋でセンズリかこうとしたら藤原さんに見つかって、藤原さんがドイツ遠征に行った時にいかにモテたかっていう話を延々と聞かされましたから。スザンナ・シュワルツっていう女の人との話を（笑）。

藤原　お前、なんで名前を知ってるんだよ！（笑）。

前田　その人との体験話を何十回、何百回と聞かされたんで覚えましたよ。「俺はいつもいい仕事をするから、スザンナから〝セックスマシーン〟って言われてたんだよ」とか（笑）。

――ダハハハハ！　そういう自慢話を（笑）。

前田　俺は入門したばかりの10代の頃、藤原さんからセックスの極意を教わったからね。藤原さんが「お前、女とヤるときの基本は知ってるか？」って言うから、「なんですか？」って聞いたら、「まず、マンコを1時間ナメるのが基本だ」って（笑）。

――ダハハハハ！　しつこいですね～（笑）。

藤原　書けないことをしゃべるんじゃないよ！（笑）。

前田　あと「スザンナはマンコの毛が長すぎてナメるときに邪魔だから、きれいに切り揃えてやったんだ」とか（笑）。

藤原　うるせー、コノヤロー！

前田　藤原さんは「テロリスト」として有名になったあとも、自分のことを「ペロリスト」って呼んでたからね（笑）。

――くだらないですね～（笑）。藤原さんからそういう話をさんざん聞かされたら、前田さんもイギリス遠征が決まった時、「よーし！」ってなったんじゃないですか？

前田　いや、俺は向こうで世話してくれたウェイン・ブリッジから言われたんだよね。「アキラ、お前は若いのになんでガールフレンドをつくらないんだ？　23歳でイギリスに来て、練習ばかりやってるなんてもったいないぞ」って。でも俺は「イギリスにいつまでもいられるわけじゃないし、どこか違う国に転戦する予定もあるから、そんなかわいそうなことはできない」と言ってね。

――イギリスで付き合っても必ず別れなきゃならないから、と。

前田 そしたらブリッジが「出会いがあれば別れもある。それが人生じゃないか」とか言い出してさ。それからモデルだ、女優の卵だって、いろんな女性を連れてきたんだよ。でも、わざわざ連れて来られるとちょっと照れるじゃん。それで手を出さずにいたら、俺が嫌がってるのかと思ったのか、ブリッジがその女とヤッちゃうんだよ（笑）。

――「食べないの？　じゃあ、私がいただきます」と（笑）。

前田 そう。俺が迷ってるうちにブリッジが食っちゃうんだよ（笑）。そんなんが続いたから、4人目くらいでロイズバンクに勤めてる子と付き合ったんだよね。

藤原 おい、こんなことが記事になるのかよ？

――素晴らしいエピソードとして掲載されますね。とくに組長と前田さんの対談なら、下ネタは外せないので（笑）。

藤原 でも、俺たちにとっては下ネタとは言わないんだよ。日常会話だから。

――まあ、男所帯だとそうかもしれないですね（笑）。

前田 小林さんなんか一日で5人くらいハシゴしたことがあるって言ってたからね。

――5人抜き！　その体力がある時点でプロレスラーのすごさを体現してますね（笑）。

前田 巡業に出ると、どうやって調べたのかわからないけど、必ず女の子が選手と同じホテルに部屋を取ってるんだよ。それで小林さんは5部屋を回ったって。

――ファンツアーの「お部屋訪問」みたいですね（笑）。

前田　小林さんは誰に対しても優しくて、しゃべる時はいつもニコッとしてたから、あれはモテるよ。

――そういう意味では佐山さんもモテそうな気がしますけど、どうでしたか？

前田　佐山さんはどうだったんですか？

藤原　あまり話は聞かねえな。あれはむっつりなんとかってやつか？（笑）。

前田　佐山さんは旅館に泊まるたびにいつも、「○○高校の女子校生が修学旅行で泊まってるぞ」とかそういう情報を回してましたよね。

――情報屋でもあったんですね（笑）。

前田　それで何時頃に風呂に入るのかとか、のぞきに行くときの通路、見つかったときに逃げる脱出ルート、全部プランニングしてね（笑）。

藤原　それだけやってりゃ、むっつりじゃねえか（笑）。

――「むっつり」と言えば以前、荒川さんにインタビューした時、「（藤波）たっつぁんはむっつりだから！」って何度も言ってたんですけど（笑）。

前田　藤波さんが凱旋帰国（78年）して今の奥さんと知り合った頃、仲野信市が付き人だったんだよね。そしたら仲野が、「前田さん、藤波さんは昨日も大阪に行ってたんですよ。それでシャワーに入ってる藤波さんを見たら、チンコが真っ赤に腫れ上がってましたよ。あれ、すごいヤッてますよ！」って（笑）。

――寮長にそんな報告が入りましたか（笑）。

前田　藤波さんは、カマロを飛ばしてしょっちゅう会いに行ってたからね。奥さんとの純愛だよ。

関節技の文化が途絶えていた可能性

――藤波さんは凱旋帰国後にドラゴンブームを起こして、道場出身の若手で初めてスターになった人だったじゃないですか。寮生にとって当時の藤波さんはどんな存在でしたか？

前田　俺が入門してから、「藤波さんっていう先輩がいるんだけど、何年も海外に行ってて」という話だけは聞いてたんだよね。あと新聞さんが「藤波に帰国命令を出しても帰ってこないんだよ」ってぼやいてるのを聞いて、「そういう人がいるんだ」って感じだったよね。それでしばらくしたら藤波さんが帰ってきて大活躍して。その頃、小沢（正志＝キラー・カーン）さんがメキシコに行ってたんで、俺が小沢さんに「藤波さんが帰ってきて、すごいブームになって頑張ってますよ」って手紙を書いたのを覚えてるよ。

――手紙で報告したくなるくらいの活躍ぶりだったんですね。藤波さんとは前田さんも名勝負（86年6月12日、大阪城ホール）を残していますけど、藤波さんのすごさはどんなところですか？

前田　やっぱり受け切るところでしょう。あれだけ受け切るって、なかなかできることじゃない。

――前田さんは藤波戦後、「無人島かと思ったら仲間がいた」という名言を残されてますけど、藤波さんもカール・ゴッチさんのところで何カ月も練習してるんですよね。

前田 今ネットを見てると、「俺はカール・ゴッチから教えてもらったんだ」っていう自称キャッチレスラーが何人もいるけど、そういうのとは全然違うよ。

藤原 ゴッチさんから教わったって、誰が言ってるんだよ？

前田 いや、名前も聞いたこともなければ、顔も見たこともないようなヤツがそれを名乗って、キャッチレスリングという名のもとにYouTubeで動画を流してるんですよ。

藤原 まあ、そうなのか。日本にもそういうのが何人かいるけどな。「ゴッチのところでやってた」って言うのが。

前田 えっ、誰ですか？

藤原 言っちゃなんだけど、全日本のFさんとかな。俺がゴッチさんに聞いたら、「誰だ、それ？」って言ってたよ。それで本人にも聞いたら、フロリダに行ってた頃にマレンコ道場でちょこちょこっと教わったことがあるらしい。でも、1日や2日でマスターできる技なんて、しょせんはその程度の技でしかないんだよ。

前田 俺たちがゴッチさんのところに行ってやった基礎体力トレーニング、Fには絶対できないよ。全財産賭けてもいい。絶対に無理！（キッパリ）。

――Fさんにインタビューした時、「俺は試合を終えて夜遅くに帰ってくるのに、ゴッチのおっさんが毎朝『練習するぞ』って電話かけてくるんだよ」と言ってましたけど。

前田 嘘ばっか言うんじゃないよ！

藤原 ジョシュ・バーネットもゴッチさんのところに行ったけど、何度も追い返されて、ようやく教えてもらえるようになったらしいからね。

前田 ジョシュ・バーネットは今、日本に来てるらしいんですよ（2025年1月16日）。アイツから「教えてくれ」って来ませんでした？

藤原 今回は来てないな。

前田 俺のところには、（マネージャーの）謙吾を通じて一回連絡がありましたよ。

藤原 俺は3年くらい前に「コーチとしてアメリカに1カ月くらい来てくれ」って言われたんだよ。ちゃんとしたいい条件も出してくれたんだけどさ、俺は自分の家で盆栽もやってるし、猫も飼ってるから、「1週間ならいいけど、1カ月はちょっと無理だ」って断ったんだ。

前田 でも、うれしいですよね。俺たちがやってきた技術を学びたいって言ってきてくれるのは。逆に日本人でそういうヤツが全然いないんですよ。

藤原 ジョシュはUFCでチャンピオンになってからも、「もっと学びたい」という謙虚な姿勢がいいよな。

――ジョシュは今、新日本の道場で臨時コーチをやってるらしいですよ。

前田 すごいじゃん。

LT

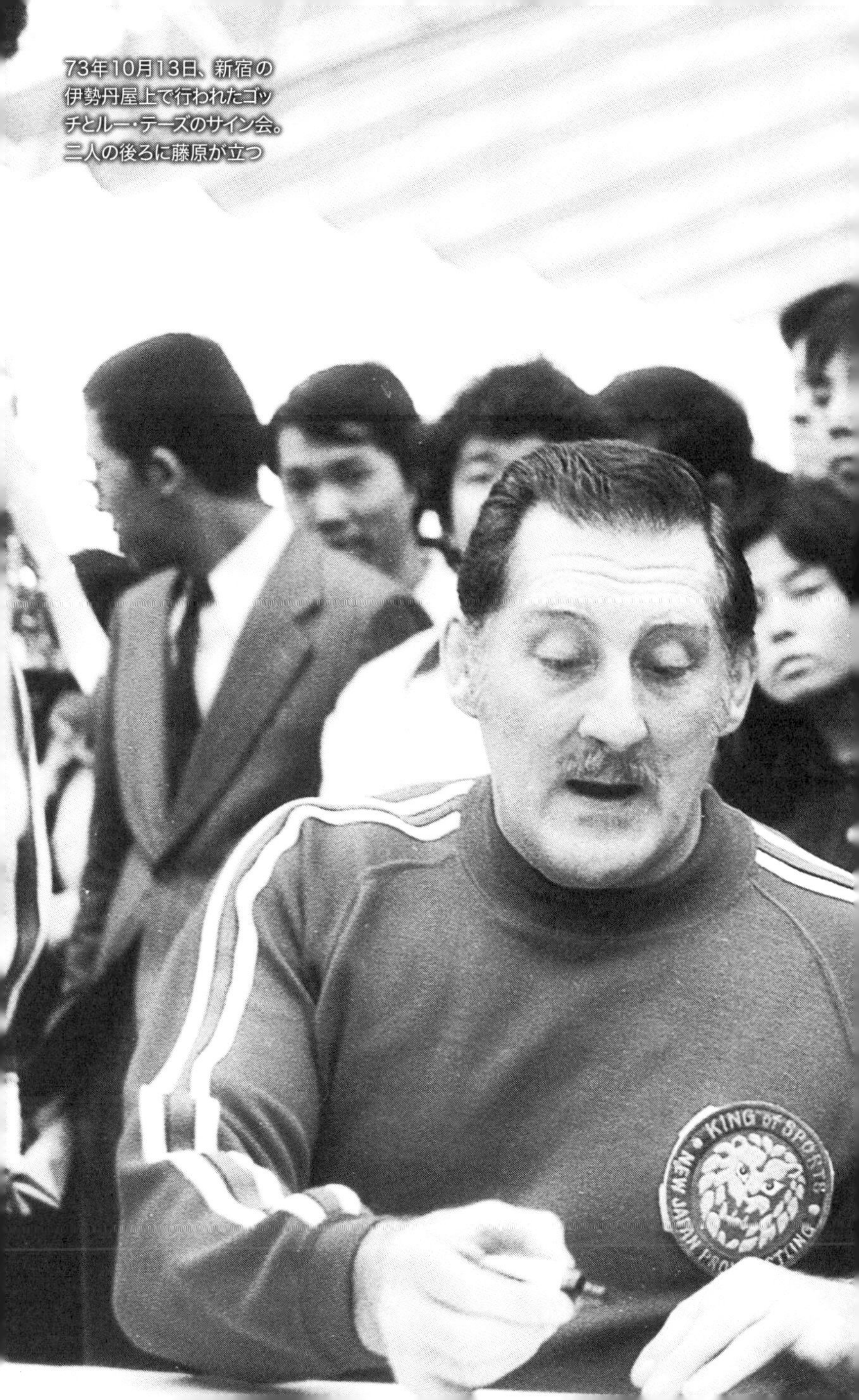

73年10月13日、新宿の
伊勢丹屋上で行われたゴッ
チとルー・テーズのサイン会。
二人の後ろに藤原が立つ

――今の新日本の若い選手にいい刺激を与えてほしいですよね。

藤原　だけど教えるっていうのは難しいよ。指導者っていうのは褒めて伸ばすのが基本なんだよ。褒めてその気にさせて一生懸命やるようになれば、ちょっとずつ上達していくから。でも、天狗になりやすいっていう欠点もあるんだよ。俺も藤原組時代、船木（誠勝）を「チャンピオン」と呼んでたんだけど、この前、船木とYouTubeで対談したら「私も天狗になってました」って認めてたからな。

――でも、藤原さんとのスパーリングによって腕を磨いて、トップレスラーになった人はたくさんいますからね。前田さんもそうですよね？

前田　俺は藤原さんがいなかったら、デビュー戦を1、2試合やってから新日本を辞めてると思うよ。

――佐山さんだっておそらくそうだと思うんですよ。だから藤原さんがいなかったら、ゴッチさんの流れを汲む関節技の文化が途絶えていた可能性が高いんじゃないかなって。

藤原　まあ、途切れてたかもしれないね。

前田　だから藤原さんは、日本のプロレス史においても重要な役割を果たしてきましたよ。

藤原　やってきてよかったと思うよ。俺の人生も無駄ではなかったのかなって。

前田がつくった「総合格闘技」という造語

——第一次UWF（ユニバーサル）にしても、本来はオープニング・シリーズが終わったら解散で、前田さんは新日本に戻されるはずだったんですよね？

前田　オープニング・シリーズが終わったあと、髙田（延彦）が猪木さんから託された「お前だけ帰ってこい」というメッセージを伝えられたんだよ。当時、髙田は猪木さんの付き人だったからさ。でも、営業の人たちや若手社員だった神（新二）や鈴木（浩充）たちは新日本に戻れないのに、そいつら置き去りにして俺だけ戻れないじゃん。だから俺はユニバーサルに残ったんだよね。

——その後、藤原さんが新日本を辞めてユニバーサルに移籍してなかったら、また歴史が全然違ってましたよね。

藤原　そうかい？

前田　ユニバーサルの社長だった浦田（昇）さんから、「誰か呼んでほしい選手がいるなら言ってくれ」と言われたんで藤原さんの名前を出したら、浦田さんが「えっ、藤原くんでいいの？」って。

藤原　「藤原くんでいいの？」って言ったのか？　それもすごいな（笑）。まあ、その程度だったんだよ。

――当時、藤原さんは「テロリスト」としてブレイクしてまだ数カ月でしたからね。ずっとテレビに出てた「藤波や長州（力）じゃなくていいのか？」っていう意味だと思いますけど。でも、藤原さんが移籍してなかったら、ＵＷＦが関節技を前面に押し出すスタイルにならなかったかもしれないですよね。

前田 実際、藤原さんが言ったんですよ。「新日本と同じことをやっていたら、猪木さんに勝てるわけがない。俺たちが道場でやってきたものをリングの上で見せよう」って。

藤原 なんでそういう発想になったかというと、新日本時代、試合前に俺たちがスパーリングやってると記者連中がズラッといて見ているわけだよ。その時、一人の記者が「試合よりこっちのほうが面白いわ」って言ってたのがずっと俺の頭の中に残ってたんだ。記者っていうのは、いわば見る側のプロなわけだから、そいつらが「面白い」と言うなら、道場でやっていることを客前で見せたら面白いかもなって思ったんだよ。

――そこからいわゆるＵＷＦスタイルが生まれて、総合格闘技への道ができ始めるわけですよね。

前田 そもそも「総合格闘技」っていう造語は俺が言い出したんだよ。新生ＵＷＦの頃、「ＵＷＦってなんなんですか？」って聞かれたから、「ガス燈時代の様な技術を競うレスリングです」と言ったら、「それはプロのアマチュアレスリングですか？」と聞かれて、「今は関節技だけではなくて、パンチ、キックもあるので、たとえるなら『総合格闘技』という言葉ですね」と説明したんだよ。

――UWFがやっていたことって、前田さんがデビュー前に猪木さんに言われたという、「他の格闘技の連中が観ても納得するようなプロレスにしていく」ということですよね？

前田 そう。猪木さんに言われたことを実際にやっただけだよ。

藤原 俺だってそうだよ。「プロレスは闘いである」というもともとの考えは猪木さんだもんな。でも、お客さんを入れないことには商売として成り立たないから、月に1試合じゃみんなの給料を払えないから、猪木さんはUWFみたいなことができなかったんだろう。

前田 のちに新生UWFになってから1カ月に1回、大会場を満員にしてビジネスとして成り立つ形になったけれど、ユニバーサル（第一次UWF）ではできなかったんだよ。まず資金力がないし、コネもない、信用もない。それがなぜ新生UWFでできたかというと、マザーエンタープライズとニッポン放送、この二つが強力に応援してくれたからだよ。どっちも俺の人脈じゃん。

――マザーエンタープライズは当時、ハウンドドッグなんかが所属していた音楽事務所ですよね。

前田 そう。当時マザーエンタープライズは、後援がニッポン放送という名目で、あっちこっちの大会場でコンサートをガンガンやってたんだよね。それと同じかたちをUWFでもやってくれて、チケット販売方法も、当時まだプロレス界には馴染みがなかった「ぴあ」を紹介してくれたりして。だからできたんだよ。

——マザーエンタープライズと前田さんの最初の関係っていうのはどういうところからだったんですか？

前田 徳島の福田さんだよ。

——UWF後援会だったフクタレコードの福田典彦さんですね。

前田 徳島の福田さんとマザーの福田（信＝会長）さんが福田同士で親友なんですよ。マザーの福田さんもプロレスファンで。

——それであゝいう興行形態が確立したんですね。

前田 そもそもなんで月に1回にしたかっていうと、最初は事務所にスタッフが神と鈴木の2人しかいなかったんだよ。

——単純にマンパワー不足でそれ以上興行を打てなかったと。

藤原 結局、お金の流れもその2人しか知らなかった。まあ、そういうことだよ。

「武芸」の「武」は闘いで、「芸」は芸術

——猪木さんって、UWFのことをどう思っていたんでしょうね？

藤原 もしかしたら、猪木さんの理想だったのかもしれねえな。さっきも言ったけど、月に1回

76年4月2日、川崎市体育館で行われた猪木&マサ斎藤vsペドロ・モラレス&ビクター・リベラ

じゃレスラーや営業を食わせていけないから、新日本みたいな形式で続けていただけでね。

――実際、前田さんが新生ＵＷＦを立ち上げて、１年後に藤原さん、船木さん、鈴木みのるさんも移籍したら、新日本も猪木色のようなものがすっかり薄れてしまいましたもんね。

前田　なんで今のプロレスがこうなったかと言うとね、本当は自分たちの世代が猪木さんやゴッチさんに教わったことを次の若いヤツらに教えなきゃいけなかったんだけど、ＵＷＦでごっそりと抜けちゃったわけでしょ。それでどうしたらいいんだってなった時、大学のアマチュアレスリングのチャンピオンクラスを連れてくればいいと勘違いしたんだよね。でも、実際に入れてみたら全然役に立たなくて。

――プロレスの道場でイチから鍛え上げるのと、大学のアマチュアでできあがった選手をプロレスラーにするのとでは、プロレスに対する考え方も違ってしまいますもんね。

前田　それで俺たちが抜けたあとに新日本に入った子たちっていうのは、良くも悪くも子供の頃に観た佐山さん（タイガーマスク）の影響が強いもんで、ああいう飛んだり跳ねたりというのを元にしたプロレスを考えちゃったんだよ。

藤原　やっぱり上っ面ばっかり真似しようと思ったってダメなんだよ。タイガーマスクみたいなことをやるにしても、佐山にはしっかりとした基本があるからいいんだけど。でも、基本を身につけるには時間もかかるし、あまりカネにもならない。だからみんな上っ面ばかりで、同じような体つき、同じような衣装で、同じようなことをやると。個性が何もないんだよ。

前田 観てたらみんな同じですもんね。
藤原 同じだよ。だって誰かの真似なんだから。
前田 今ってプロ野球選手はみんなデカいじゃん。180センチ、190センチは当たり前。それがプロレスラーを見てみなよ。180センチあるヤツなんて数えるほど。80キロ、90キロで飛んだり跳ねたりしてさ。
藤原 いや、70キロぐらいのヤツもいるよ。
前田 そんなのを観て、なんでお金を払わなあかんの？ 今のレスラー見てみぃ、こんな細い首してるじゃん。そりゃ首も折るよ。俺らがいた頃は、だいたい入門してから半年ぐらい経つと三点ブリッジでレスラーが2人上に乗ってたからね。デビューする頃には3人乗せて平気になってた。でも、それが普通だったよ。
――レスラーなら300キロをお腹に乗せても大丈夫だったと。
藤原 でも、それをやり続けたおかげで、今は首がボロボロで手も痺れるけどな。ヒザも曲がってくるし、チンコは勃たないし。
――最後のやつは、前田さんに漢方か何かもらって対処してください（笑）。
藤原 前田は俺ががんになったとき、マムシの干物やら朝鮮人参やらいろいろ送ってきてくれて、がんに効くのかと思ったら「これでチンコ勃ちますよ～」って言ってきてな。60過ぎたがん患者のチンコを勃ててどうするんだよ！（笑）。

前田　でも、チンコが勃たなかったら免疫が落ちるんですよ。

藤原　まあな。ものは言いようだ（笑）。

――猪木イズム、ゴッチイズムを後世に伝えるためにも、藤原さんにはまだまだ頑張ってもらわなきゃいけないですよ。

藤原　でも、今日の前田との対談内容、ゴッチさんに聞かれたら怒られるよ。ゴッチさんは下ネタが嫌いだったからな（笑）。「今の若いレスラーは、どいつも女、女ばかりだ」って怒ってたもんな。

前田　ゴッチさん自身は奥さんしか知らないって言ってましたよね。

藤原　ホントかどうかは知らないけどな（笑）。

――そういった方面にかぎれば、藤原さんと前田さんもゴッチイズムがないんですね（笑）。

藤原　ゴッチイズムと言えば、葉巻とパイプだけだよ。尊敬する人のいいところはなかなか真似できないけど、悪いところはすぐ真似してしまうというね。猪木さんも晩年は葉巻を吸っていたし、俺や前田、佐山も吸うだろ。そういうことだよ。

――最後に、前田さんから見て、藤原喜明というレスラーはプロレス界においてどんな存在ですか？

前田　ちょっと時代を間違えて生まれてきて、プロレス界に遣わされた〝武芸者〟みたいな存在ですね。武芸を極めている人は絵でもなんでもできるんで。

藤原 そういえば宮本武蔵も絵を描いたり、書を書いたりしてたらしいんだよな。

前田 だから俺も今、書道に取り組んでて、去年（24年）の2月から10月の間に習字の8級から3段まで行きましたよ。

藤原 おー、それはいいことだよ。

――書道を始められたきっかけはなんだったんですか？

前田 収集癖で凝りすぎちゃって、家に筆とか古墨《こぼく》が死ぬほどあるんだよね。持っているだけじゃアホみたいだなと思って、ちょっと使ってみようと思って始めたのがきっかけだね。

藤原 「武芸」って言うでしょ。要するに「武」ってのは闘いで、「芸」ってのは芸術なんだよ。やっぱりどっかで共通してるんだよな。どちらも生涯かけて取り組んでいくものなんだよ。

――プロレスもそこに入りますか？

藤原 もしかしたらそうかもな。新日本に入って、猪木さんの鞄持ちになって。苦しいことはいっぱいあったけど、楽しいこともいっぱいあったよな。

前田 練習して、試合して、それだけでよかったっていう時代がいちばん楽しかったですよ。団体運営がどうだとか、資金繰りがどうだとか、チケットが売れてないだとか、そんなのでてんやわんやで走り回ってるよりもさ。

藤原 だから俺なんかも人生でいちばん勉強になったのは藤原組の時だよ。ボスって大変だよね。だって俺は人に頭を下げるのは大嫌いなのに、切符を売るためにスポンサー回りをしてさ。それで道場では船木や鈴木が「藤原さんは練習にも来なくなった」とか言ってて、そんなの冗談じゃないよな（笑）。俺だって練習をやってるほうがラクだよ。

前田　若い頃はそんなことわからなかったですよね。

藤原　考えてみたら俺や前田が新日本にいた頃は、そういったことを全部、猪木さんや坂口さんがやってくれてたんだよ。今となったら本当に感謝しかないよな。

「闘魂イズム」コラム ③

ゴッチ道場で武者修行中の藤原に日本から前田が送った〝レア〟雑誌

数々の危険なデスマッチをこなしてきた〝ミスター・デンジャー〟こと、松永光弘と一騎打ちをしたこともある藤原（2002年1月20日）。この試合の9日前、藤原は事務所に松永を呼び出した。決戦に向けての煽りの会見も兼ねていたのだが、手土産に有刺鉄線を持参した松永に対し、藤原が持ち出したものはレベルが違っていた。なんと真剣の日本刀だったのだ。「ちょうど切れ味を試したかったところだ」と威嚇する藤原に松永は仰天。松永はその場で、体に有刺鉄線を巻いて日本刀の攻撃を防御する覚悟を示した。しかし、なぜ藤原は本物の日本刀を所持していたのか？　実はこれ、日本刀の愛好家として知られる前田日明の私物だったのだ。

大切なコレクションを気前よく貸すほどに、前田の藤原に対する尊敬の念は深い。1980年に藤原がゴッチ道場に半年間の修行に行っていた際、日本との連絡係、世話係の役目を果たしたのも前田だった。

前田は藤原が欲しいものを時折、日本から送っていたが、そのなかにある雑誌があった。それはプロレス雑誌でも、エロ本でもなく、なんと盆栽の雑誌だった。藤原はこの時、まだ31歳。27

歳から盆栽にハマり、異国の地で厳しい寝技の練習に明け暮れるなかでも、盆栽の研究に余念がなかったのである。イラスト、浪曲、陶芸と、多趣味かつ、そのどれもがプロ顔負けの腕前を誇る藤原ならではのエピソードだ。

前田の「脳の病気」を見抜いた藤原

前田は藤原に命を助けられたことがある。伝説のドン・中矢・ニールセン戦（86年10月9日、両国国技館）の試合後、藤原は周囲に厳命した。

「今晩、アキラに酒を飲ますな。飲ませたら逝っちまうからよ」

その日、酒を飲むことはなかった前田だが、3日後、バーで水割りを口にする。すると前田は、一瞬にして激しい嘔吐を繰り返し、病院へ運ばれた。診断名は脳が腫れるクモ膜のう胞だった。ニールセン戦での打撃の食らいぶりから、脳が腫れていると診てとった藤原の眼力だった。

藤原と前田の最後の一騎打ちが行われたのは、96年11月22日（リングス、大阪城ホール）。試合後の藤原の談話も、そんな先見のひとつだったのかもしれない。

〈前田は太っていたな。下手すれば、俺より引退するのが早いかもな〉（『アサヒ芸能』97年1月23日号）

こうコメントした藤原は、いまなお現役を続けている。

「闘魂イズム」コラム④

U解散後に実現した藤原vs佐山の「泥レス」と本気の「殺し合い」

藤原vs佐山聡の闘いは、第一次UWFを象徴するカードだった（佐山のリングネームは、ザ・タイガー→スーパー・タイガー）。実力ナンバーワンを争う一戦（1984年9月7日）、ノーフォール・デスマッチ（同年12月5日）、藤原が佐山の左腕を折ったとされる試合（85年1月16日）、そして団体最後の興行のメインも藤原vs佐山であった（同年9月11日）。第一次UWFの活動休止後、一度は袂を分かった二人だったが、9年後、フジテレビのゴールデンタイム枠で一騎打ちが実現している。試合形式は「泥レス」だった。

毎週木曜夜9時から放送の『ラスタとんねるず'94』内の企画「ジャイアント将棋」で実現。内容は、有名アスリートを将棋の駒に見立て各種競技で対戦させるという、いわば異種格闘技戦バラエティで、たとえばボクシング勝負では渡辺二郎vs佐山聡、藤原vsアンディ・フグなど、夢の顔合わせが次々と実現。そんななか、藤原と佐山は泥レスで対戦（94年4月28日放送）。フォールはもちろん、関節技での決着もありというルール。9年ぶりの両者の対戦ということで、前週から予告映像が盛んに流され、17・5パーセントと高視聴率を記録した。

ところがいざ対戦になると、二人はスタンディングのまま手を探り合う展開が続き、それ以外、何も起こらず試合時間の5分が過ぎ、引き分けに終わった。将棋の指し手という設定のとんねるずも、「深すぎてよくわかりませんでした」（木梨憲武）と、お手上げ状態。番組内での佐山は、あくまでバラエティとして捉えていたのか、試合中も終始ニコニコとしていたのが印象的で、逆にいえば、藤原相手に〝本気で闘った場合の危険性〟を感じていたのかもしれない。

佐山が藤原にガチギレ！

この泥レス対決から3年後、今度はリングで二人は相まみえた。梶原一騎氏の没後十年追悼記念試合のメインで藤原と佐山は対戦（97年10月12日、両国国技館）。試合開始から9分が過ぎたところで佐山が突然キレ、藤原に馬乗りになると、顔面にパンチを連発。藤原も頭突きと鉄拳でやり返し、結局、試合は不成立に。しかし、試合終了のゴングの音も耳に入らない佐山は、4代目タイガーマスクの制止を振り切り藤原に飛び膝蹴り。藤原が左耳から流血する惨事となった。立会人の猪木が1分の延長戦を行わせたが、二人のケンカが続くだけだった。試合後の佐山のコメントが恐ろしい。

「組んでる時に何か言われたんだ。殺してやりたくなった」

〝本気で闘った場合の危険性〟は、佐山のほうが上だった⁉

第3章

坂口征二、キラー・カーン、長州力……根底で認め合っていた昭和新日本の同志たち

構成■堀江ガンツ

17年4月20日、後楽園ホールで行われた「藤波辰爾デビュー45周年記念ツアー in TOKYO」

態度がデカかった「日プロ組」の若手3人

俺が新日本プロレスに入門して4カ月ぐらい経って、坂口征二さんが日本プロレスから移籍してきたんだ。あの人の体軀と身体能力は天性のものだな。スクワットしてるところなんか見たことないのに、脚なんか筋肉がぶら下がっているような大腿四頭筋でな。腕の力もすごかった。体重は当時で128キロぐらいあったんだけど、ロープ昇りなんかも腕だけですいすい昇っていくんだよ。

でも、坂口さんが合同練習のときに道場にいるところは見かけても、一緒に練習した記憶はあまりない。ベンチプレスをガンガンやったりすると、すぐに筋肉がつくから、シャツの寸法が合わなくなって嫌がったなんていう話もあるけど、シャツのほうに体を合わせてどうするんだってて思うけどな(笑)。まあ、それぐらい生まれ持った身体能力が高かったってことだろう。その代わり不器用だったけど、100パーセントなんでもできる人なんていないわな。

坂口さんが来て猪木さんと合体することで新日本にテレビがついたらしいけど、俺ら下っ端はそんなことはあんまり気にしなかった。それより、坂口さんについてきた若手のほうを意識したね。キラー・カーンこと小沢正志、木村健悟、大城大五郎の3人だよ。よそからやってきたから俺らに対する対抗心なのか、態度がデカくてな。もしかしたら「プロレス界でのキャリアはこっちのほうが古い」ってことでそうしてたのかもしれないけど、新日本では俺らのほうが先輩じゃねえかって。

でも、意外とたいしたことはなかったからな。2日目くらいでわかったよ。アイツらが「あっ、コイツらはまだセメントなんて知らねえか」ってなんて言いやがったから、「なにをこの野郎……」と思ってな。次の日の練習でスパーリングをやって、みんなやっちゃったよ。「なんだ、たいしたことねえじゃん」って。それから向こうは黙っちゃったけどね。向こうがこの業界で先輩だかどうだか知らないけど、デカい面はさせなかったよ。もちろん強ければ先輩だろうが後輩だろうが一目置くけど、そうじゃなかったからな。

そんな感じで、日プロから選手が合流してきた時は最初はちょっとピリピリしたけれど、しばらくしたら普通になったよ。べつに仲良くなったわけじゃないけど、俺らレスラーは同じ団体にいてもみんな個人事業主だからな。同じ釜の飯を食っていても、ある意味で敵同士でもあるし。前も言ったけど、サル山の中で暮らしているようなもんだからな。ナメられないためにも腕を磨いて、抑止力を高めるしかないんだ。

藤原vsカーンの試合を壊した長州とマサ斎藤

俺が試合でキラー・カーンとケンカになったっていうのもたいしたことじゃないんだ。あの人、がアメリカから帰ってきて、天狗になっていたのか、やたらと自慢げに偉そうなことを言っていたから、俺がちょっと冷やかしたんだよな。カーンが試合で入場してくる時、俺が間違えたフリしてリングに掛ける階段を逆さに掛けたんだよ。そしたら試合が終わって旅館に戻ったあと、あの人が電話で文句言ってきてな。べつにそこまではいいんだけど、「俺はマジソン・スクエア・ガーデンでメインイベンターだったんだぞ。だからお前はずっと前座なんだ」みたいなことを言ってきたんでカチンときたんだ。

「ああ、いいよ。じゃあ、前座の力を見せてやろうか？　お前なんか引き立て役のおかげでスターになったんだろ。俺も長いあいだ引き立て役をやってきたけど、ホントに弱いわけじゃないよ」ってね。

べつに俺はキラー・カーンを否定してないからな。日本人であれだけ体が大きくて、顔も大きくて、「永源遙さんに「オバケ」というあだ名をつけられるくらいの風貌をしてたんだから、そりゃあアメリカで悪役として喜ばれるだろう。それで向こうのメインイベントを張ったのなら、たいしたもんだと思うよ。だけど、プロレスはそれだけじゃないよってことだ。

俺はべつにアメリカで悪役のメインイベンターになりたくてプロレスをやってるわけじゃないからな。俺の生き方を否定するなら、「マジソン・スクエア・ガーデンのメインイベンターと新日本プロレスの前座レスラー、どっちが強いかやってみるか？」ってな。

そうしたら、その次の日だかで俺とキラー・カーンのシングルマッチが組まれたんだよ（83年

3月23日、山口県体育館)。あの時は坂口さんがマッチメイクをやっていたけど、どういう意図で組んだのかはわからない。面白がって組んだのかなんなのか。まあ、坂口さんもカーンのほうが強いと思ったんじゃないの。

それでシングルマッチで闘ったんだ。試合というかケンカみたいなもんだから、俺はボクシングも練習してたんで、パンチでボコボコにしてね。そこから関節技で痛めつけてやろうと思ったら長州（力）とマサ斎藤さんが乱入してきてさ。長州が俺の背中をバチーンと引っ叩いたあと、ボコボコ殴ってきたんだけど、寸止めで全然痛くないんだよ。そしたら長州が小声で「藤原さん、死んでください、死んでください」って言うから、「ああ、そうか。これは収拾がつかなくなるってことか」ってことでちょっと痛いフリをしてな。それでノーコンテストになったんだよな。

なんで長州とマサ斎藤さんが止めに入ったかと言うと、その次の日にテレビマッチでカーンと猪木さんのシングルマッチが組まれてたんだよ。このまま俺とカーンの試合を続けたら、猪木さんとの試合ができなくなるってこと。だからそこで終わり。翌日、カーンの顔がちょっと腫れてたけどな。

この一件以降、べつにカーンとは何もないよ。こういうケンカみたいな試合は、新日本にはたまにあること。だから面白かったんだよ。（ドン）荒川さんと栗栖（正伸）さんのシングルマッチなんか、毎回そんな試合だから。あの二人は同い年でデビューした時期も一緒。同じ鹿児島県出身で、どっちも柔道をやってて背格好も似ていたから、やたらと張り合ってな。俺らも面白がって「鹿児島選手権」と呼んで、控室のドアの隙間から観てたんだよ。「おっ、始まるぞ！」ってね。それで試合では案の定、大ゲンカ。まあ、面白かったよ。

〝最高の死に方〟だったキラー・カーン

カーンとはその後とくに接点もなかったんだけど、あの人が新宿歌舞伎町に飲み屋を出した時、誰かに誘われて行ったんだよ。「あっ、俺も一度行こうと思ってたんだよ」ってね。とくに事前に連絡もせずに行って「おう、元気？」って言ったら、すごく喜んでね。「今日はお前が来て、いちばんうれしいよ」って言ってくれたよ。こっちもべつに謝るわけじゃないけど、「そんなこともあったな」「あの時は若かったな」みたいな話をして、結局、店にあるマッコリを全部飲んじゃったんだよ。

それで「おい、勘定はいくらだ？」と聞いたら、「じゃあ、5000円」って言われてな。1万円出して「半分は店の女のコへのチップだ」って渡したんだ。でも、あとから考えるとどうしたって5000円じゃ計算が合わないんだよ。こっちは店のマッコリ全部飲んじゃってるんだからな（笑）。あの伝票がカーンさんの気持ちだったんだろう。

だから口には出さないけどあの人に対しても仲間意識みたいなものはあったし、「コノヤローー！」っていう思いもあるし、「コイツはすごかったなー」っていう気持ちもある。本当に嫌いだったら最初から店になんか行きやしないよ。俺は荒川さんともよくケンカしたけど、どこか根底で認め合ってるからケンカするんだ。

カーンとはその後、あの人の店でトークイベントをやったり、本で対談をしたりもしたけど、毎回、他人の悪口ばかりでこっちがウンザリするんだよ。現役時代、誰にカネをちょろまかされたとか、カネに関する恨みばっかりな。そんなのいまさら言ったところでどうにもならないじゃねえか。それにちょっと被害妄想も入ってると思うけどな。会うたびにだんだんと抜かれた額が増えていってたから（笑）。

まあ、晩年は本人が幸せだったかどうかはわからないけど、最期は自分のお店で亡くなったんだろ。あれはいい死に方だよね。よく「リングで死ねれば本望」なんて言うけど、お店という自分のホームリングで、お客さんの前で眠るように亡くなったっていうんだから、最高の死に方だったと思うよ。またあの世でケンカしような。合掌。

スナックで延々と愚痴をこぼす長州

長州は俺より1年半くらい遅れて新日本に入ってきた。ミュンヘンオリンピック出場の肩書きがあって、猪木さん、坂口さん同席の記者会見をやって入ったくらいだから、俺ら下っ端とは最初から待遇が違ったけど、関係は悪くなかったよ。歳は二つ違いで、向こうは俺を先輩として接

83年6月2日、蔵前国技館で行われたカーンvsアンドレ・ザ・ジャイアント

していたからな。

一緒に飲みに行ったこともけっこうあるよ。ある日、地方巡業中に俺ら下っ端5～6人が旅館の大部屋で寝ていたら長州が来て、「藤原さん、起きてください」と言うんだよ。「なんだよ？」って聞いたら、「ちょっとこれから付き合ってください」と言うんで、「ああ、しょうがねえな」って近くでやってたスナックに行ったんだ。そしたら酒を飲みながら、延々と愚痴をこぼすんだよ。内容はプロレスラーになってからの悩みと不満だよな。もっと活躍できるはず、もっと稼げるはずだったみたいな思いがあったんだろう。それを俺に言ってもしょうがねえだろと思ったけど、誰かに聞いてもらいたいんだろうから朝まで聞き役に徹したよ。その時、「ああ、エリートにはエリートなりの悩みがあるんだな」と思ったよ。

長州は自分の強さには自信があったんだろう。もちろんオリンピックレスラーだから弱いわけないし、足腰も強いし腕力も強い。ただ、プロレスは強ければ売れるってもんじゃないしな。それにプロレスの強さとアマレスの強さはまたちょっと違うんだよ。

以前、キラー・カーンが「新日本に入ったばかりの頃の長州とスパーリングをやって足を極めた」って言ってたんだよ。俺はその場面を見ていないけど、あり得ると思うよ。プロレスとアマレスは全然違うし、アマレスに足関節技なんかない。ハンドボールのチャンピオンがサッカーをやって強いかっていえばそうとも言えないだろ。ましてやプロは客を呼んでなんぼというところがあるから、そこが難しいんだよ。

俺も長く前座で試合をしていたから、長州からすると「藤原さんなら俺の気持ちをわかってくれるはず」という思いがあったのかもしれない。「俺たちのほうが強いのに、なんであいつらがテレビに出てるんだ」みたいなね。

でも、長州は「売れたい」と思ってたのかもしれないけど、俺はあまり有名になりたいとは思ってなかったんだよ。俺は好きなことがやれて、お金をもらえて、酒が飲めて、それでうまいメシが食える、ここは天国だと思ったもんな。売れることより関節技を研究するほうに興味が向いていた。俺には俺の道があったんだよ。

もちろん俺だってプロだから、いつかは自分の磨いた腕をお客さんに見せて稼ぎたいとは思っていたけど、焦ってはいなかった。「やがて俺の時代も来るかもしれない」と思ってたから。俺は短気なところもあるんだけど、えらい気が長いところもあってな。俺の趣味は盆栽だけど、もう50年近くやってるから。前田（日明）にも言われたけど、俺は執念深くてしつこいから、（カール・）ゴッチさんに教わった関節技も「もっといい方法はないか」ってずっと考えて、その研究に没頭できた。だからたいして不満はなかったんだ。

チャンスを掴んだ長州は天才、チャンスを与えた猪木も天才

おそらく昔の長州にとって、プロレスはそこまで没頭できるものじゃなかったんだろうな。別

の世界でトップクラスになった人間が、また違うジャンルでイチからやるっていうのは、意外と難しいんだろう。海外遠征でフロリダまで行っても長州はゴッチさんとソリが合わなかったらしいけど、アマチュアレスリングのトップだったプライドが捨てられなかったんだろう。その点、俺はバックボーンなんか何もないから、ゴッチさんからしっかりと学ばせてもらって、それを自分なりに工夫して試行錯誤を繰り返すことでモノにすることができたんだ。

そんな長州が、藤波さんへの〝噛ませ犬発言〟から一躍メインイベンターになったっていうのは、彼がようやく何かを摑んだんだろう。「これだ！」みたいなものをね。

誰しも人生を左右するようなチャンスというものが一回か二回はあるもんなんだよ。それを一発で摑めるかどうかは、普段から努力したり考えたりして準備ができているかどうかにもかかってくる。だけど才能がないヤツはチャンスが来たことさえ気づかないわけだ。だから誰より大きなチャンスをつかんだ長州は天才なんだよ。

もし、あのタイミングで長州にチャンスを与えたのが猪木さんだとしたら、やっぱり猪木さんも天才なんだよ。長州の鬱屈した思いが膨らんで膨らんで最大限に膨らんだところで、爆発させるきっかけを与えたっていうことだからな。

猪木さんがいつも言っていた「プロレスには怒りが必要だ」っていうのもそういうことなんだよ。それを猪木さんは力道山先生から学んだって言ってたな。力道山先生にしても猪木さんにしてもコンプレックスみたいなものがあって、世の中やいろんなものに対する怒りを溜めて溜めて爆発させる。「あれがプロレスだよ」って言ってたもんな。

セックスだってそうだろ。金玉がパンパンになるまで溜めて溜めて、出そうになってもグーッとこらえて、絶頂に達したときに出すのがいちばん気持ちいいんだよ。すぐに出しちゃって、「よっちゃん、早いのね」って言われたらガッカリだからな（笑）。

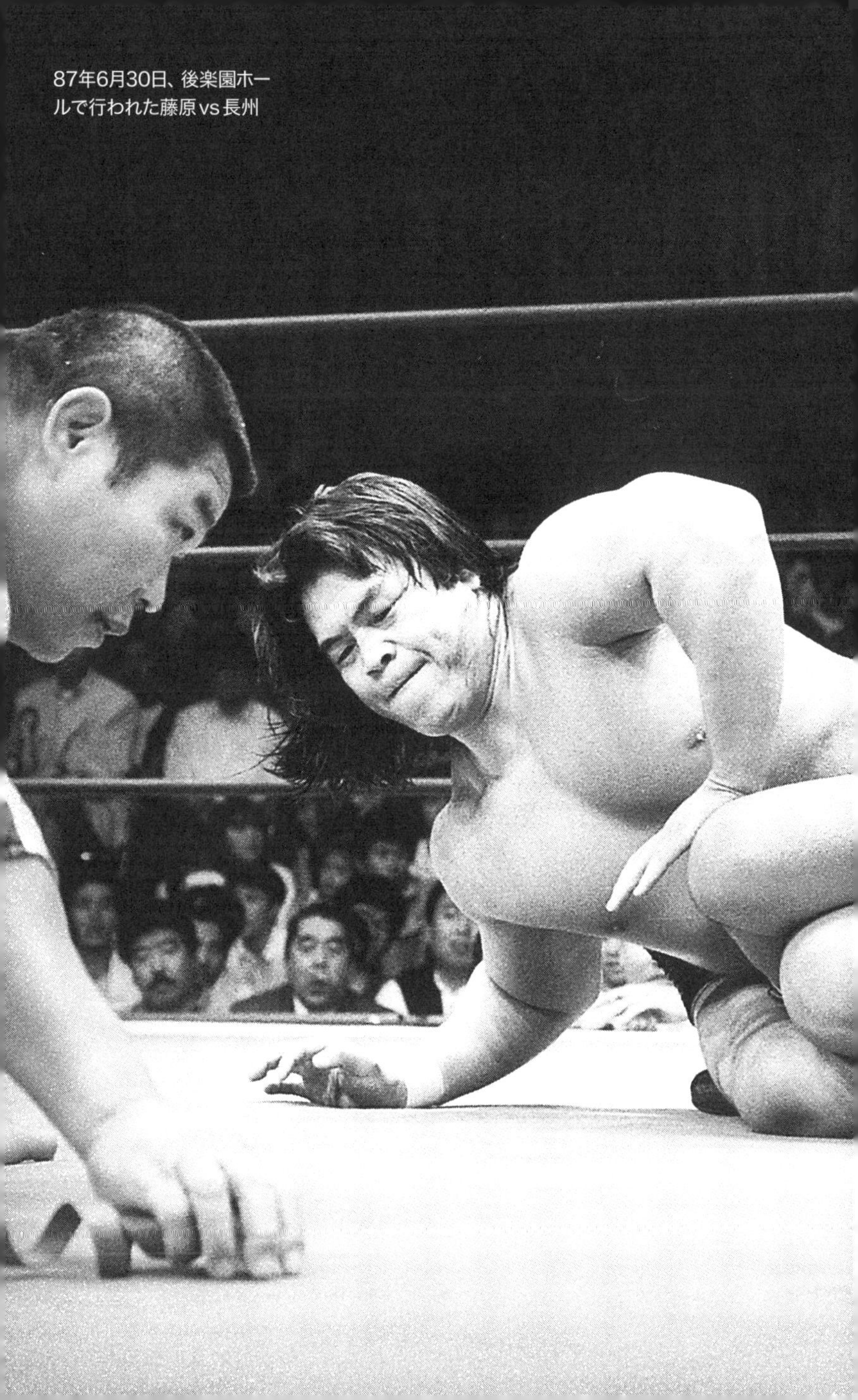

87年6月30日、後楽園ホールで行われた藤原vs長州

「闘魂イズム」コラム⑤

藤原が「全財産をやる」と喜んだ髙田のU移籍と残念な現在の関係

鈴木みのるのデビュー戦（1988年6月23日、横浜文化体育館）直後の逸話は強烈だ。飯塚高史に敗戦するも、ある程度、教科書どおりの動きができて満足だったみのるだが、すぐさま藤原に会場裏につれて行かれ、バンバン殴られ、こう言われたのだ。「俺とあれだけ練習しているのに、なんでみなと同じ動きをするんだ！　お前以外にできないプロレスをやれよ！」。みのるのプロレス観が決定した瞬間だった。

すでに一流選手として認められていた時期の藤原の叱責だけに、愛ある指導としてみのるも受け入れた。しかし、藤原がいち前座選手にすぎなかった80年代前半、その苛烈すぎる叱責を、後輩選手が素直に受け入れることは難しかっただろう。

とくに藤原の厳しい叱責の標的になったのが髙田延彦だった。入門2年目の81年7月16日、北海道北見市での試合後、猪木、坂口征二らと酒席を囲んだ髙田は藤原に対して不用意な発言を放つ。「藤原さ～ん、飲んでないじゃないですか～？」。瞬間、藤原の顔色が変わった。「お前、いい根性してるな」。翌日の稚内市体育館大会の試合前、藤原にスパーリングの相手に指名された高田は、半殺しにされたという。また、夜遊びをして帰って来た高田を、兄貴分で寮長の前田日明が発見すると、翌日、高田に藤原とのスパーが用意されていた。高田を寝技で組み伏せた藤原は、「お前に遊びは10年早い」とドスの利いた声で脅し、スパーで半殺しにしたという。前田の告げ口だった。

「髙田さんは僕のこと、嫌いみたい（笑）」

これほど過酷なしごきに遭っていた髙田だったが、84年6月、藤原から「俺は（第一次）UWFに行くことにした」と告げられると、「僕も行きます！」と即答。その日のうちに寮を出たという。〝強さ〟を教えてくれた藤原について行こうと決めたのだ。同月27日の会見に二人は揃って出席し、UWF入りを表明。この時、藤原は髙田がついて来たことへの喜びを隠さなかった。〈うれしかったぜ。UWFが潰れたら、俺の財産は全部お前にやる〉（『週刊プロレス』84年7月17日号）

時が経ち、現在は藤原、前田とは疎遠とされる髙田。2014年11月15日、藤原、前田のトークショーで前田は言った。「（山本）小鉄さんの葬儀で一緒になったけど、あいつ（髙田）、自分らに目も合わせんかった」。そして、藤原はこう言った。「僕は髙田さん、大好きですよ」「でも、髙田さんは僕のこと、嫌いみたい（笑）」。

この3人の関係が修復されることを願ってやまない。

「闘魂イズム」コラム⑥

藤原を見て逃げ出した警察官は

元・新日本の先輩レスラーだった

有名プロレスラーともなると、一日署長を務めることも多い。藤原も警視庁の「万引きさせないキャンペーン」に起用されたことがあった（2013年7月22日）。犯罪防止のイメージに藤原がピッタリだったという。

数十年前の大阪の街中でのこと、藤原の姿を見るやいなや、逃げ出した男性がいた。驚いたことに警察官だった。解せぬ状況にあとを追った藤原は、追いついて2度ビックリ。なんと相手は新日本プロレスの元レスラーだったのである。

名前は佐藤一生《かずお》。大阪府出身で、記念すべき新日本の初新弟子だった。176センチ・88キロと、さして巨漢ではなく、旗揚げ当時、すでに24歳だったが、関西大学のアマレス部出身という実績を期待されていた。得意技は股裂きやアマレス流飛行機投げ。旗揚げ1年目の72年9月25日にデビューを果たしている。ところが年内をもって退団。藤原は同年11月の入団&デビューだから、2カ月ほど在籍期間は被っていた。

藤原のせいで新日本を辞めた元・新弟子二人

なぜ、藤原を見て逃げたのか？　藤原の回顧がある。

〈俺は（元プロレスラーの）金子武雄さんのスカイジムに通ってたから、普通にブリッジもできるし、ベンチプレスは強いし、それでガックリして木原さんと佐藤さんはズラかっちゃったんだよ。俺のせいなんだよ〉（『Gスピリッツ』23号より）

木原とは、旗揚げ年の7月にデビューするも、これまた年内で辞めた木原真一選手のことだが、果たして藤原を見ただけで、自信をなくして退団するということなどあるのだろうか？　当時の熱戦譜を確認してみると、全20戦あった年内最終シリーズで、木原vs佐藤が8試合も組まれていた。それもすべて第1試合。藤原は最終シリーズの開幕戦でデビューしたが、すでに第2試合から第4試合を多く闘っていた。この扱いに二人が不満を持つようになり、自信をなくしたとしても不思議はない。なお、佐藤vs藤原は藤原のデビュー3日後に組まれ、佐藤が逆エビ固めで勝利しているが、その後、一騎打ちは組まれていない。しかし、顔を見ただけで逃げたということは……藤原の強さ（怖さ？）に畏怖していた可能性もあるだろう。

藤原の述懐によれば、木原はパチンコ店の経営者として成功、佐藤は警察官として職務をまっとうしたという。なお、佐藤の主な配属先は、万引き捜査も受け持つ生活安全課だった。

「闘魂イズム」コラム⑦

生涯唯一、ムエタイ用トランクスで藤原が闘った理由は〝モッコリ対策〟

昭和のプロレスラーは、コスチュームが不変の選手が多かった。猪木は黒パンツに黒シューズ、長州は黒パンツに白のシューズでお馴染み。藤原も猪木と同じ、黒パンツに黒シューズだったが、実はリングに合わせて、シューズの仕様は変えていた。グラウンドの攻防が多くなる藤原組のリングでは、アマレス用の踵が柔らかめのシューズを履く。紐が白い場合は、マジックで黒く塗り潰すというこだわりようだった。新日本のリングでは、デビュー当時から使っていた黒シューズで通した。こちらは他の選手同様、近藤吉さんという靴職人が手掛けたもので、アマレスシューズと違い、踏ん張りが効くように踵は硬く、外側は牛革で内側は豚革の仕様だった。これは汗を吸い取る効果があったという。

黒パンツに黒シューズで闘い続けた藤原だが、コスチュームを大幅にチェンジしたことが一度だけあった。それは1989年11月29日、新生UWFの東京ドーム大会で行われた異種格闘技戦、藤原vsディック・レオン・フライの試合だった。藤原は裸足にゆったりとした色鮮やかなムエタイ用トランクスを着用してリングに登場したのである。

この試合は藤原にとっては3度目となる異種格闘技戦で、イサマル・チャンガニー戦（88年4月2日、両国国技館）、ドン・中矢・ニールセン戦（88年7月29日、有明コロシアム）では、布製の柔らかいシューズを履いた。フライ戦での裸足は、さらに動きやすさを求めた結果だろうが、ストロングスタイルの象徴の黒パンツまで変えたのはなぜか？　フライ戦で藤原は、関節技を中心に試合を進める腹づもりであり、実際、フィニッシュもスタンディングでのアキレス腱固めだった。

「藤原組長のコックはグレート！」

試合後の藤原のコメントで、ムエタイ用トランクス着用の意外すぎる理由が明かされた。

「前2回の異種格闘技戦で、蹴りが股間に当たると痛かったんだよ。だから今回、ファールカップをつけたんだけど、それでいつもの黒トランクスを履いたら、どうしてもモッコリが目立っちゃって。だから、目立たない大きめのムエタイ用トランクスにしたんだ」

なお、95年、アダルトビデオで藤原と共演した女子プロレスラー、サンダー・クラックは、以下の感想を述べている。

「藤原組長のコックはグレート！」

藤原喜明×鈴木みのる

〝闘魂の遺伝子〟対談❷

猪木とゴッチの教えをともに学んだ〝プロレス界の親父〟への感謝

取材・構成■堀江ガンツ

PROFILE

鈴木みのる すずき・みのる●1968年、神奈川県生まれ。87年、新日本プロレスに入団。89年に新生UWFに移籍。UWF分裂後、プロフェッショナルレスリング藤原組を経て、船木誠勝とパンクラスを旗揚げ。2002年に獣神サンダー・ライガーと対戦したことで、翌03年からプロレスに復帰。フリーレスラーとして開花し、鈴木軍を率いて新日本からインディー団体までを席巻。現在も新日本プロレスやAEWなどを中心に、国内外の様々な団体の第一線で闘い続けている。

ＵＷＦが新日本プロレスと業務提携していた時期の１９８７年に新日本に入団した鈴木みのるは、ＵＷＦ所属だった藤原喜明と初めて出会い、寝技・関節技の教えを受ける。以来、40年近い付き合いを続ける二人が、師弟時代の思い出、藤原組での確執と離反、そして現在の関係まで、その濃密な歴史を語り尽くす。

プロ入り前、同じスカイジム出身だった藤原と鈴木

――藤原さんと鈴木さんの意外な共通点というと、プロレス入りする前に元・日本プロレスの金子武雄さんが経営する横浜スカイジムでトレーニングしていたんですよね。

鈴木　俺が中学生の頃、実家が横浜で酒屋をやってて。店の奥で俺がうちの母ちゃんに「ねえ、プロレスラーになっていいでしょ」とか言ってたら、たまたま酒を買いに来てた体の大きいおじさんに、「なんだ坊主、プロレスラーになりたいのか？　おじさんはレスラーだよ」って言われてさ。それが金子さんだったんだよ。俺は絶対に嘘だと思って「おじさんなんか観たことないよ！」って言ったんだけど（笑）。

――力道山時代のプロレスラーですもんね。

鈴木　それで「いいから、一度ジムに来い」って言われたんで、うちから２００メートルくらいのところに新しくできたジムに行ったら、若手時代の猪木さんと馬場さんが腕立てをやってる横

で金子さんが竹刀を持ってる写真とか、藤原さんの若い頃の写真なんかも飾られていて。「すげえ！ このおじさん、何者だ？」と思ってね。「カネはいらねえから、毎日来い」って言ってもらったんで、中学時代はタダで通わせてもらって、高校から会費を払って行ってたんだよ。

藤原 だから俺がスカイジムの宴会かなんかに行った時、金子さんから「今度、うちに来てる鈴木ってやつが新日本に入るから面倒見てやってくれ」って言われたんだよ。

鈴木 俺が中学生の時、初めて寝技のスパーリングをやらせてもらったのが金子さんですから。

藤原 おー、やったんだ。強かった？

鈴木 強いなんてもんじゃなかったですね。俺はまだ高校でレスリングをやる前だったんで、上に乗られて「プロレスは寝技だ。返してみろ」って言われて必死に逃げようとしても全然身動きが取れなくて。30分くらいやられっぱなしでしたね。

藤原 金子さんは寝技が好きだったんだよ。国際プロレスの吉原（功＝社長）さんと仲が良くてな。吉原さんはアマレスだっただろ。

――早稲田大学のレスリング部出身ですよね。

鈴木 それでずっと抑えられて、やっとなんとか抜け出したら、「はい、もう一回、下！」って言われて（笑）。

藤原 だから金子さんの寝技は極めるというよりも、まず抑え込むっていうやつだよな。それが寝技の基本なんだよ。

鈴木　その頃、別のところでジムをやってた遠藤光男さんがたまたまスカイジムに来た時、俺と金子さんのスパーリングをうれしそうにずっと見てて、「ほら、坊主！　返せ！」って言われて（笑）。

藤原　遠藤さんは国際プロレスでレフェリーやってたけど、たしか1966年の（ボディビルの）ミスター日本だったんだよね。俺は遠藤さんの本を買って、自分でバーベルを手づくりして練習してたんだ。俺が高校生の頃だな。

――組長の高校時代の憧れのボディビルダーだったんですね。

藤原　そうそう。遠藤さんや多和昭之進さんとかな。

――でも、鈴木さんの世代でプロレス団体に入門する前からプロレス式寝技の洗礼を受けてる人ってほとんどいないですよね。今でこそMMAのジムがたくさんあってグラップリングが気軽に習えますけど、昔はそんなジムはなかったので。

鈴木　俺が最初に行った時はまだ中学生で子供だったんで、トレーニング器具は触らせてもらえなかったんだよ。だから腕立て、腹筋、スクワットとかをやってた。ある時「お前、寝技やってみるか？」って言われて、体操用のマットの上で寝技を教わったんだよね。

――藤原さんも新日本に入る前から、金子さんに寝技を教わってたんですよね？

藤原　俺がスカイジムにいた頃、国際プロレスに入る前の米村天心さんとか、柔道やってた人とか6人ぐらい寝技をやる人がいたんだよ。で、柔道三段の人と俺がやって、俺のほうが強かったんだ。そしたら金子さんが、「おい、お前は今日から柔道三段だ。人から聞かれたらそう言え。俺が許す」と言ってね。

――金子さん認定の柔道三段なんですね（笑）。でも、プロレス入りする前から藤原さんと鈴木さんが偶然同じジム出身だったというのは、不思議な縁ですね。

鈴木 俺は高校に入った時、第一次ＵＷＦで佐山（聡）さんがスーパー・タイガーをやってた時の藤原さんとの試合ビデオを毎日のように観ていたからね。ダビングを重ねた裏ビデオみたいな画像だったけど（笑）。

――格闘技志向、ストロングスタイル志向は、その頃からなんですね。

藤原 それは運命だな。

「おい、なんで藤原とスパーリングやってるんだ？ 相手を殺せよ」

――鈴木さんが実際に新日本に入門してから感じた藤原さんの印象はいかがですか？ 当時は新日本とＵＷＦの業務提携時代ですよね。

鈴木 そうだね、入門は１９８７年の３月なんで。藤原さんはＵＷＦ所属ということで新日本の道場には来てなかったので、最初は試合の時にセコンドで観てるだけという感じだったな。

――それがどのようなきっかけから藤原さんとスパーリングをやらせてもらうようになったん

ですか？

鈴木　俺は高校時代、レスリングで国体2位になって日本代表にもなってたんだけど、新日本に入ってから道場で仲が良かった同い年の先輩である船木（誠勝）さんとスパーリングやったら、アマレスをやったことがない船木さんのほうが圧倒的に強かったんだよね。それがもうショックというか衝撃で、「どんなことをしてるんだろう？」と思ったら船木さんは巡業中、藤原さんと毎日スパーリングをやってたんだよ。

――強さの要因はこれか、と。

鈴木　それで船木さんに言ったんだよ。「俺も藤原さんと練習やりたいです」と。そしたら「じゃあ、来ればいいじゃん」って言われたんで、巡業中に藤原さんと船木さんがスパーリングやってる側で練習して、「俺もいますよ」って無言でアピールしてたんだよ。なかなか自分からは言い出せなかったから（笑）。で、そのうち藤原さんから「お前、なんで毎日いるんだ？」と言われて、そこで初めて「俺もお願いします！」って言って。

藤原　始めから嫌いだったんだよ。生意気そうな顔してんじゃん（笑）。

鈴木　それで藤原さんが船木さん、山田（恵一）さんらと練習しているところに俺も入れてもらったんだけど、坂口（征二）さんからは「寝技なんかしないで、みんなと一緒にスクワットやれ！」と怒られて。だけどそんなことは道場で毎日やってることだし、他の人たちと同じことをやってても自分が上に行くことはできないと思ってね。とにかく「早く強くなって、上に行きたい」って思いが強かったんで。

――鈴木さんは新日本と業務提携時代のUWFの人たちのことをどう見てましたか？

鈴木 新日本の先輩たちが煙たがっていた印象が強いね。「あいつらなんかさ」って。でも、俺は「いや、あんたたち、道場で寝技の練習してないじゃん」っていう気持ちのほうがあったんで。でも、猪木さんだけは遥かその上にいるっていう感じだった。猪木さんはスパーリングの相手もしれくれたんで。そしてすごく強かった。「痛い！」って悲鳴を上げても離してくれなくて、それは藤原さんも一緒です（笑）。

藤原 まあ、師匠が師匠だからな（笑）。

鈴木 それで入門から5カ月後、「サマーナイトフィーバー」だっけ？ 両国国技館2連戦があったじゃん？

――「サマーナイトフィーバー in国技館」（87年8月19、20日、両国国技館）ですね。ニューリーダーとナウリーダーの新旧世代闘争があった。

鈴木 藤原さんは年齢は長州さんと2つ違いで、キャリアは藤波さんの後輩にあたるのに、なぜか猪木さん側のナウリーダーのほうにいたやつ（笑）。

――猪木、坂口、マサ斎藤、星野勘太郎という旧世代チームに（笑）。

鈴木 誰もそれを疑問に思わなかったっていう（笑）。で、その「サマーナイトフィーバー」が開催された頃に「デビューの準備をしておけ」って言われたんだけど、デビュー戦の前に船木さんと六本木に行って酒を飲んで泥酔して。

藤原　あー、暴れたんだよな（笑）。

鈴木　ケンカして大暴れして捕まって、坂口さんが警察まで迎えに来るという事件がありまして。デビューの話が白紙に戻されちゃったんです。ちなみにそのデビュー予定だった日は、前田（日明）さんが長州（力）さんの顔面を蹴って大問題になった、あの日だったんです（87年11月19日、後楽園ホール）。

――そんな運命的な日だったんですか（笑）。

鈴木　で、頭を丸めていちから新弟子生活をしていたら、次の年の6月に山本小鉄さんとミスター高橋さんが横浜で興行をやるっていうことで「お前をデビューさせてやるからな」って言われたんですよ。

――横浜は鈴木さんの地元ですもんね。

鈴木　「デビューするヤツはみんなこれがノルマなんだ」ってチケットを300枚渡されて、「これを全部売ったらデビューさせてやる」と言われたんで、ホントに売りましたよ。地元の友達や高校の関係者、あとは近所の人たちに。だからあの日は会場の一角だけが鈴木みのる応援団で、第1試合が終わったらみんな帰っちゃったという（笑）。

――でも、手売り300枚はすごいですね。

鈴木　「みんなこうしてデビューしてるんだ」って言うから必死に売ったんだよ。あとで先輩に聞いたら「誰もそんなことしてねえよ」って言われたけど（笑）。

――まんまと小鉄さんとミスター高橋さんの営業マンをやらされたわけですね（笑）。

藤原 デビュー戦は誰とやったんだい？

鈴木 飯塚高史です。

藤原 あっ、飯塚か。そういや鈴木がデビュー戦で他人の真似みたいな試合してたから、終わったあと「お前、道場でなんのために練習してんだ。バカヤロー！」って言ったんだよな？

鈴木 はい。ぶん殴られました。

藤原 怒ってぶん殴ったんだよ。今なら暴行罪だけどな（笑）。

鈴木 俺は藤原さんに殴られてうれしかったんですけどね、変態なんで（笑）。

――それはなんで殴られたんですか？

鈴木 自分では「けっこううまくできたな」と思ったんで褒められるかと思ったんだけど、藤原さんに「お前は、何のために俺と練習してるんだ！」って怒られて。

――要は藤原さんと毎日練習した闘いを見せるのではなく、型通りのプロレスみたいな試合をしてしまったわけですか。

鈴木 そうだね。だから俺が藤原さんに、「先輩に言われたとおりにやらないと怒られるんで」と言い訳じみたことを言ったら、「お前、誰のためにプロレスをやるんだ？ アイツらのためか？」って言われて。それも衝撃だったね。

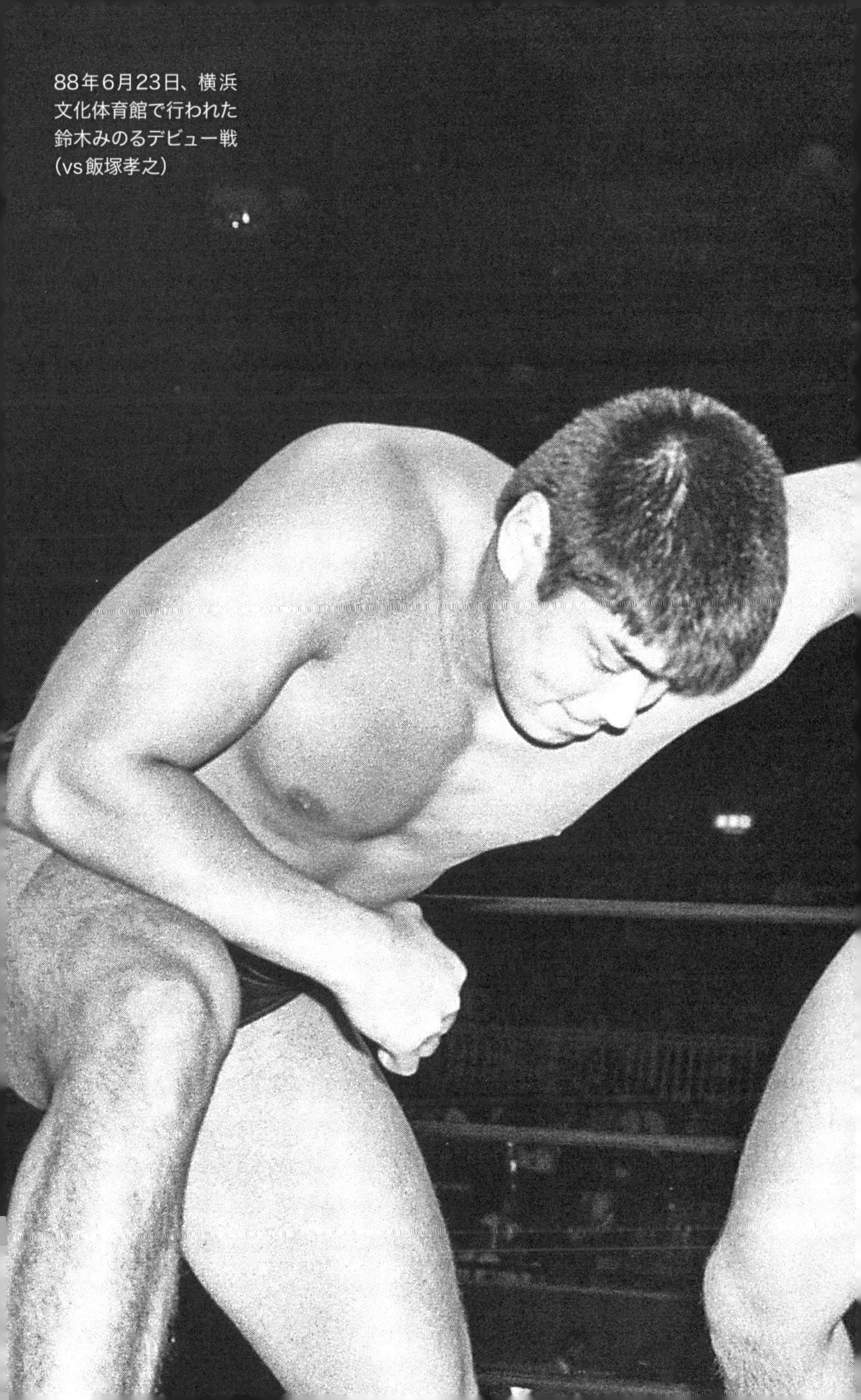

88年6月23日、横浜文化体育館で行われた鈴木みのるデビュー戦（vs飯塚孝之）

藤原　でも、坂口さんからは褒められたんだろ？

鈴木　褒められてないです。「へったクソなプロレスしやがって」って言われました。

藤原　言ってやりゃよかったんだよ。「お前はもっと下手クソだろ！」って（笑）。

――そんなことありません！（笑）。

藤原　そうか（笑）。

鈴木　だからデビュー戦は誰からも褒められず、とにかく藤原さんにはこっぴどく叱られましたね。

藤原　それは猪木さんの言う「プロレスは闘いである」ということを俺は鈴木に教えたつもりだったんだけど、デビュー戦でやってねえからだよ。それなら俺と練習する必要ねえだろって。

鈴木　だから猪木さんにも言われましたよ。俺はデビューしてすぐ、猪木さんの付き人補佐をやらせてもらったんですけど、「おい、なんで藤原とスパーリングやってるんだ？　相手を殺せよ」って言われて。

――相手を殺せ！

鈴木　それで俺が「でも、あの……」って口ごもってたら、「できねえのか？　お前はなんのためにやってるんだ？　殺せ！」って言われたんだよね。それがたしかデビューして1カ月くらいかな。

――デビューしてすぐ、藤原さんと猪木さんに叱咤されてたんですね。

藤原 こういうのは最初が肝心だからな。

「藤原さんとスパーリングしている時が唯一幸せな時間だった」

――鈴木さんの新人時代、猪木さんの「プロレスは闘いである」という考えに共鳴していた選手は他にいましたか？

鈴木 いないね。あの頃はもう船木さんも山田さんも海外に行ってしまって誰もいなかったんで、つまらなかった。だから変な話、藤原さんとスパーリングしている時が唯一幸せな時間だったんですよ。それ以外はずっとイライラしてたんで。

藤原 お前、変態だよ（笑）。

鈴木 先輩たちに対して「なんでこんなヤツらが偉そうな顔をしてるんだ？ ちょっと早く生まれて、ちょっと俺よりもベンチプレスが挙がるだけじゃん。俺のほうが強いのに……」みたいな気持ちがずっとあったんで。まあ、屁理屈ですね。

――当時の鈴木さんからすると「プロレスラーに必要なのは、ベンチプレスがどれだけ挙げられるかじゃなくて、寝技などの強さだろう」と。

鈴木 やっぱり「プロレスラー＝強い」っていうのに憧れてこの世界に入ってきたし。憧れていた猪木さんや、稽古つけてもらっていた藤原さんがそういう人だったので。逆に言うと、猪木さんや藤原さん以外の人たちは、俺にとって全員違うんですよ。

藤原　なんか俺が変人みてえじゃねえか（笑）。

鈴木　あのなかでは変人ですよ（笑）。

藤原　アッハッハッハ！

鈴木　それ以外の人からは、「プロレスにそんなもの（寝技の強さ）は必要ない」って言われてたんで。

藤原　でも、俺に言わせたら「プロレスラーにそれがなかったら何があるんだよ」って思うけどな。

鈴木　だから巡業中は藤原さんとスパーリングができるんですけど、船木さん、山田さんが海外に行ったあとは道場でやる人がいなくて、つまらなくてしょうがなかったですね。「このままじゃいけない」と思って、先輩一人ひとりに「スパーリングをお願いします！」って言いに行ったけど、ほとんど誰も相手してくれなくて。そのなかで、数少ない俺の相手をしてくれたのが、武藤（敬司）さんと飯塚さん。飯塚さんはすぐ上の先輩だったんで、俺に負けるのが嫌だったんじゃないですか（笑）。

――断ったら後輩の鈴木さんから「あいつ逃げた」ってナメられるのが嫌だったんでしょうね（笑）。

鈴木　まあ、「俺から逃げた」って絶対に言うからね（笑）。それでのちに飯塚さんも藤原さんと一緒にスパーリングするようになったんだよ。

――武藤さんは普通に受けてくれたわけですか？

鈴木 受けてくれたね。それで俺が何回も同じ技を極められて。そのとき言われた忘れられない言葉がありますよ。「チクショー、また同じ技にかかった」って言ったら、「おう、気にすんな。お前が悪いんじゃない。俺、天才だから」って（笑）。

――武藤さんなら言いそう（笑）。

鈴木 あの言葉はもう40年近く経つのに忘れないですね。

――鈴木さんの新人時代、飯塚さん以外に藤原さんと練習していた選手はいなかったんですか？

鈴木 （佐々木）健介がちょろっといましたね。健介も負けたくなかったんじゃないですか。俺のほうがキャリアも年も下だったんで。藤原さんに習ってる俺のほうが強くなるのが嫌だったんだと思う。

――藤原さんは、健介さんや飯塚さんの印象はありますか？

藤原 健介とはちょこっと覚えはあるけど、そんなに印象はないな。飯塚はなんかのインタビューで「（藤原は）乗っかる練習ばっかりで教えてくれない」って言ってるのを読んだんだよ。

――そんなことを言ってたんですか。

藤原 あのね、幼稚園児に大学の講義をやったってわかりっこないんだよ。寝技っていうのは、まず相手に乗っかってしっかりと押さえ込むことが大事なんだ。それ以前に、乗っかられたときにどう逃げるか。だから乗っかられて苦しんで必死で逃げて、どうやって逃げるか考えてそれから質問してきたら、「俺ならこう逃げるよ」と教える。そうすると一発で覚えるんだよ。つまり「乗っかられてばかり」ということは、まだ教える段階じゃなかったということだ。

鈴木　それに付随する話で、今の子はとにかく「技の形を早く知りたい」って言うんですよ。そんなの勝手に盗めばいいのに、自分で考えたり試行錯誤をすることがない。だから、やり方をできるだけ簡単にわかりやすく教えてくれる人が「いい先生」ってことになるんで。

藤原　（カール・）ゴッチさんが言ってたのは、「俺が教えたとおりにやってるうちはまだダメだ」ってことなんだよ。みんなそれぞれ腕の長さ、筋力、体の柔らかさとか全部違うんだから、基本を身につけたうえで自分流にどうやったら極まるかを試行錯誤して考えることが大事なんだ。「自分で考えろ、最後は自分だ」ってよく言ってたからな。あと、ゴッチさんの口癖は「頭が75パーセント、力は25パーセント」だったな。お前、言われたの覚えてる？

鈴木　覚えてますけど、当時の俺には理解できなかったですね。だってゴッチさんは力がすごく強いから、「言ってること全然違うじゃん！」って思って（笑）。

藤原　たしかにゴッチさんは、「レスリングは力ではないテクニックだ」って言うんだけど、力も強かったよな（笑）。

鈴木　腕を取られたらもう動けない。バキバキバキバキっていくしかないんで。

藤原 だけどちゃんと理屈に合っていれば、少ない力でもすごく力が強いように感じるんだよ。正確にやればそんな力任せにやらなくても極まるんだよね。ほんの数ミリ、角度が1度、2度の違いで極まるか極まらないかが決まるわけだよ。でも、たしかに力は強かったな（笑）。

鈴木 強かったですね。

藤原 ゴッチさんは「バーベルを使ったらダメだ」って言ってたのに、昔の写真を見せてもらったら、リング上で270キロのバーベルを担いでスクワットやってる写真があったんだよ。「あれ、これは？」って聞いたら、ある人に「お前はレスリングは強いかもしれないけど、力なら俺のほうが上だ」と言われたらしいんだよ。それで「半年だけ時間をくれ」と言って、バーベルスクワットのトレーニングをして、スプリングが入ってて不安定なリングの上で270キロ担いだって言うんだよ。「力じゃないって言ってたのに、話が違うじゃねえか」と思ったら、ゴッチさんは「アッハッハッハ！」って笑ってたよ（笑）。でも、あれだけ練習してたら力も強くなるわな。

「新生UWFで前田さんたちと揉めてたのも9割が俺」

——鈴木さんは若手の頃、UWFの若手と一緒に練習する機会はなかったんですか？

鈴木 試合前の藤原さんとのスパーリングにUWFの若手はいなかったね。安生（洋二）さんや中野（龍雄）さんはその時間、雑用仕事で忙しかったんだと思う。新日本は若手がたくさんいたから雑用も分散されたけど、UWFは少なかったから使い走りだったんじゃないかな。前田さんとか「あれやれ、これやれ」っていろいろ言いつけそうでしょ（笑）。

――なるほど（笑）。

鈴木 そうこうしているうちに新生UWFができてみんな辞めちゃったんで、安生さんたちと練習したのは、俺がUWFに移籍してからだね。

――ちなみに、新生UWFができるきっかけとなった前田さんの長州さんへの顔面蹴撃事件の時、鈴木さんは会場にいたんですか？

鈴木 いや、謹慎中で「道場から一歩も出るな」って言われてたんで、頭をツルツルに剃って残り番だったね。本来、そこでデビューするはずだったのに（笑）。で、夜遅くに洗濯物を畳んでたらみんなが帰ってきて「いやー、今日は大変だったな」とか言ってるから、「何があったんだろ？」と思ったらその事件があったという。

藤原 お前は昔から悪いヤツだったんだな（笑）。

――一緒に暴れた船木さんも頭を剃ったんですか？

鈴木 一緒に床屋でやりましたよ。それで坂口さんの家に二人で謝りに行って。それをまだ子供だった憲二と征夫が隙間からのぞいてたらしくて、「昔、船木さんと鈴木さんが坊主になってお父さんに謝りに来た」って、たまに会うとその話をしてますよ（笑）。

藤原 船木と鈴木はその頃からそんなことやってたのか。どうりで藤原組でトラブルばっかり起こすと思ったら（笑）。

鈴木 新生UWFで前田さんたちと揉めてたのも9割が俺ですね。当時、まだデビューして1年くらいの二十歳の坊主が、30歳で団体トップの前田さんに「おい！」って呼ばれた時、「いや、俺は『おい』って名前じゃないんで」って口答えして。ガーンと殴られながらも「これで満足ですか？」とか言ってたんで（笑）。だから前田さんは俺のことが嫌いだったと思いますよ。だから「こいつ早く辞めねえかな」と思いながら毎日殴ってたんだと思う。今はもう前田さんと楽しく昔話ができますけどね。

――前田さんのほうが楽しいかどうかはわかりませんが（笑）。

鈴木 去年（24年）、両国国技館で「ブラッドスポーツ」というジョシュ・バーネットがプロデュースした大会で、藤原さんと前田さんがゲストとして観に来ていて、俺の試合後、藤原さんには「ふっ、おめえ、俺の真似ばっかじゃねえか」って言われて（笑）。でも、前田さんはすごい喜んでて、「面白かった」と言ってくれたのが意外でした。

藤原 あっ、そう？

鈴木 たぶん、前田さんに褒められたの初めてですよ。UWF時代に褒められたことは一回もないですから（笑）。

89年3月15日、愛知県体育館で行われた猪木vs鈴木

藤原、鈴木、船木の新生UWFへの同時移籍は偶然

——藤原さんと鈴木さん、そして船木さんの3人は、みんな1989年4月に新日本からUWFに移籍しましたけど、示し合わせたわけじゃないんですよね？

鈴木　藤原さんがUWFに来るなんてぜんぜん知らなかったし、船木さんとも話してないからね。俺は強くなりたかったのとUWFへの憧れから自分で前田さんに連絡を取って会いに行ったんで。でも、引き抜きじゃないんで、前田さんからは「新日本と揉めたくないから、自分で辞めてこい。それだったら入れてやる」と言われて、「わかりました。辞めてきます！」って言って辞めちゃったんですよ。

でも、船木さんがヨーロッパへ海外武者修行に出る時に「新日本の前座は頼んだぞ」と言われて、「わかりました」って約束してたんで。これでUWFに移籍をしたら、すごく仲がいい先輩で大親友にもなれた人を裏切ることになるから、そこは心苦しかったんですよ。それである日、たまたまイギリスにいる船木さんから道場に電話がかかってきた時、「UWFに移ることになりました。約束守れなくてすみません。お世話になりました」って言ったら、船木さんがゲラゲラ笑い出して、「俺も行くんだよ」って（笑）。

——藤原さんの場合は、新日本との契約更改で失礼なことを言われたんで、契約を蹴ってUW

Fに行ったんですよね？

藤原 そうそう。ギャラダウンを提示されてな、新日本も苦しい時期だったから金額自体はべつによかったんだけど、倍賞鉄夫に「キミ程度ならこれぐらいでいいだろう」って言われたんだよ。その「キミ程度」という言い方にカチンと来てさ、「じゃあ、もうけっこうです」って部屋を出て、そのあと、前田に電話をして「俺が必要だったら使ってくれ。ギャラはいくらでもいい」と言ってUWFに行くことになったんだ。俺は必要とされるところで仕事がしたいわけで、「キミ程度は」とまで言われて、ペコペコしながらやりたくねえよ。

――それで偶然、藤原さん、鈴木さん、船木さんの3人が同時に移籍ということになったわけですね。

藤原 なんか運命みたいなもんだよな。

――新生UWFが解散して藤原組ができる時も、藤原さんが鈴木さんと船木さんを引っ張ったわけじゃないんですよね？

藤原 俺は引っ張ってないよな？

鈴木 はい。

藤原 だって人の人生を左右するようなことを強要するわけにもいかないし、万が一失敗して路頭に迷わせちゃったら、「あの野郎……」って一生恨まれるからな。俺ひとりが失敗するなら仕方がないけど、他人の人生まで責任持てねえよ。

鈴木　新生UWFがなくなったのは、前田さんの自宅での選手会議で揉めて「解散だ！」となってしまったんで（91年1月7日）、たしかその翌々日の朝、船木さんと俺で藤原さんに相談に行ったんですよ。俺は藤原さんの家の前に車を停めて、藤原さんが出てくるまで待ってましたからね。それで藤原さんが散歩に行く時に車から出て、「藤原さん！　昨日こういうことがありまして」って言ったら、「俺は関係ねえだろ！」と言われたのが最初ですよ。

藤原　それで「まあ、家に入れよ」と話を聞いたら、「藤原さん、なんとかしてください」って言われてな。そのとき、ちょっと前からメガネスーパーの田中（八郎）社長（当時）に「船木選手と鈴木選手を引っ張ることはできませんか？」って言われてたことを思い出したんだよ。田中社長に言われた時は「俺から頭を下げて、あいつらに来てもらうなんて嫌だな」と思ってさ、もうプロレスやめてラーメン屋でもやろうかとも思ってたんだ。そしたら鈴木と船木が来て「なんとかしてください」って言うんで、「あっ、そうだ。田中社長から言われてたな」と思ってすぐに田中社長に電話したんだよ。そしたら「では、すぐに道場を借りましょう」って言われてさ、俺が家を買った不動産屋に行ったらちょうどいい物件があったんで、話がバババッと決まってな。だから1週間で会社ができちゃったんだよ。そしたら前田は、「1週間で会社ができるなんておかしい。前から計画的に動いていたはずだ」って思ってたらしいけど、俺がそんな器用なヤツだったら、もうちょっと出世してるよ。

――要はメガネスーパーがSWSの部屋別制度と同じように「藤原部屋」をつくりたがってい

て、ちょうどそのタイミングで鈴木さんと船木さんが来たもんだから、メガネスーパーの資金援助ですぐに藤原組ができたわけですね。

藤原　だからそれも運命だったのかもしれねえな。

「藤原組の頃、俺は試合よりも練習のほうが緊張していた」

――藤原組という団体を率いたことで、藤原さんはそれまでにない苦労をすることになるわけですね。

藤原　鈴木も船木も言うことききかなくてな。俺はこいつにヒザを壊されているからね。道場でスパーリングをやった時、教えたばっかりのヒールホールドを極めてきてな。普通ならまいったすればいいんだけど、こいつに「まいった！」って言ったら、「藤原をやっつけた！　あんなもん、たいしたことなかった。アッハッハッハ！」と言われるに違いないと思ってな。

鈴木　絶対に言いますね（笑）。

藤原　それで俺はヒザがブチブチブチッていってるのに、グルグル回って逃げたんだ。それからヒザがおかしくなったんだよ。俺が43、44歳ぐらいの時かな。

鈴木　藤原さんのヒザがバキバキバキッとなって、「よし、取った！　勝ったー！」と思ったら、回転して逃げられて、逆に俺も脚をひねられてバキバキバキッてなったんだけど（笑）。

藤原　コイツだけには甘い顔は見せられないと思ってたからね。だから藤原組の頃、俺は試合よりも練習のほうが緊張していたから（笑）。

鈴木　藤原組では、俺の他に船木さんがいて、あと冨宅（飛駈）、髙橋（義生）たちも一緒に道場で練習していて、みんな藤原さんから何かしらの技で一度はギブアップを取ってるんだよ。「おー、すげー！」と思って。それで「よーし、俺も絶対に一本取ってやるぞ」と思っていくんだけど、俺だけ一回も取れないの。藤原さんもムキになってヒザがブチブチッてなっても絶対に取らせてくれない（笑）。

藤原　練習なんだから、本来ならべつにまいったしたっていいんだよ。だから俺は若いヤツらとスパーリングするときもわざとチャンスをやるんだ。そうすれば、若いヤツはその隙を逃さず極める練習になるし、俺も極められそうになったらどう逃げるかの練習になる。それでたまにチャンスを与えすぎて取られたりしてたんだよ。でもコイツだけは、たとえ練習であっても絶対に取らせなかった。「藤原はたいしたことなかった」って、絶対にみんなにしゃべりまわるからな（笑）。

鈴木　当時はスパーリングでも遠慮はないんで、なんとしてでも取りたいから途中で蹴っ飛ばしたりもしてたんで（笑）。それで藤原さんがちょっと俺のことをイジメようと思って、俺の太ももにヒザでガンッて一回でもやろうもんなら、何回も俺がやり返して。

藤原　それはゴッチさんの教えだからね。ゴッチさんは「スポーツ」や「競技」という考え方じゃないからね、相手に心から「まいった」を言わせるか、どうやって泣かせるか、極端に言えばどうやって殺すか。そんなことしか考えてないわけだから、何をやってもいいんだよ。猪木さんもそうだったな。

鈴木　藤原組を辞めてパンクラスになってから、試合は完全に格闘技になったんですけど、ゴッチさんや猪木さん、藤原さんが目指していた強さとスポーツの違いがわかってきましたね。

藤原　要するに、レフェリーから「はい、あなたの勝ち！」って言われるだけじゃ、ゴッチさんは納得しないんだよ。相手に「まいった！」と言わせて、二度と歯向かってこないくらいに屈服させて初めて「勝った！」っていうのがゴッチさんの考えだったから。

鈴木　俺が新日本の若手時代、スパーリングで相手の腕を極めてギブアップしたんですぐ手を離した時、猪木さんに「お前、そこですぐ離しちゃったら、そのあと目をえぐられるぞ」って言われたんですよ。

藤原　ガツッと極めて相手が「まいった」したら、少し手を緩めるけど押さえつけたまんまにして反撃させないようにするっていうのは、〝実戦〟では大事なことなんだよ。歯向かってくるヤツ、仕掛けてくるヤツ、自分を〝殺し〟にくるヤツに対しては、ちょっと後遺症が残るぐらいに痛めつけないと、またやってくるからな。

鈴木　勝ち負けって他人が決めるものじゃなくて、自分自身が決めるものでもあると思うんですよ。若手の時に藤原さんと試合前にスパーリングをやるじゃないですか。30分経って「おっ、今日はもうよし！」と言われた瞬間に「勝った」っていう気持ちになるんですよ。要は「向こうが30分で切り上げた」イコール「俺から逃げた」なんで。そしたら藤原さんが、「お前、今俺が逃げたっていう顔をしやがったな！　もう一回来い！」って言ってきて（笑）。

藤原　わかるんだよ。コイツが何を考えてるのか。スパーリングで体がずっと接触してると電波かなんなのか知らないけど、ちゃんと伝わってくるんだよね。不思議だよ。

――10代の鈴木みのるの浅はかな考えがすぐバレてたわけですね（笑）。

藤原　でも、あの頃がいちばん楽しかったな。ちょっと苦しかったけど、まあ、楽しかったね。

――目一杯練習して、あとは試合をするだけという生活が。

藤原　いや、あの頃は試合が練習みたいなもんで、本番は練習だよ。

鈴木　隙あらば取りに行きますからね。

藤原　スポーツじゃないからね。相手が「まいった！」って言ってからもうちょっとキュッとやるから。

鈴木　今の格闘技のスパーリングって、ギブアップ取ったら立ち上がって、「はい、ここからもう一度！」っていうのは当たり前じゃないですか。でも、昔の道場でのスパーリングはそういうのがないからね。腕を極められてギブアップしたら、その手を離すだけで上から押さえ込んだまま、違う形でまた取られるんで。それを今、若い人にやっても、「ズルい」って言われるだけですけどね、意味がわかってないんで。

藤原 俺らがやってることはスポーツじゃないからね。

鈴木 その「スポーツじゃない」っていうのを自分がホントに理解できてきたのは、ここ最近かもしれないですね。藤原組時代、藤原さんや他の選手たちとスパーリングを毎日やって自分が強くなっていってる実感があった頃、「これはナイフみたいなもんで懐にしまっておくものだ。振り回すもんじゃない」って、藤原さんによく言われたんですよ。でも、当時の俺にはその意味がわからなかった。だから試合でも練習でもそのナイフを振り回して、それこそ藤原さんにも刃を向けるようになって、最終的には斬り合いをするような場を自分たちでつくっちゃった。それがパンクラスだったんで。

今、50歳を過ぎて、ひとりでいろんな国のリングに上がるようになって、「あっ、このことだったんだな」って思うことがたくさんある。やっぱり、今でも時々、「スズキにちょっといい蹴りを入れて、いいところ見せたい」みたいな若いインディーのヤツとかがいるんで。そういう時は、ボディに一発ドスンと入れたり、寝技でキュッとやって二度と歯向かってこないようにしなきゃいけないので。その「ナイフは懐に忍ばせておくべきもので、振り回すもんじゃない」ってことがわかりますね。

藤原 プロレスラーにとって本来必要なものなんだよ。それを持ってるからこそ、鈴木も海外でやっていけてるんだろうしな。そういや以前、「いやー、藤原さんは海外のほうが有名ですね」って言ってたことあるよな。「日本でも俺は有名だよ!」と言ってやったんだけど（笑）。

鈴木　実は藤原さんは海外で有名だったことがわかったんですよ。やべー人だってことで（笑）。

――「フジワラ・アームバー」という技の名前にもなってますもんね。

「ゴッチさんは一生懸命学ぼうとするヤツが好き」

鈴木　俺が知らないだけかもしれないけど、生前のカール・ゴッチさんも海外ではあまり名前は聞かず、日本のほうがずっと有名だったんじゃないかと思うんですけど。今は世界中のプロレス関係者が「えっ、あのカール・ゴッチか？」って言うぐらいにみんな知ってますね。なんでですかね？

――昔は活字プロレスが発達して世界中のプロレス事情に詳しいのは日本人ぐらいで、海外はほんのひと握りのマニアしかいなかったのが、ネット時代になって古今東西のプロレスを世界中の人が知るようになったのかもしれないですね。そのなかで、伝説的なキャッチレスラーとしてゴッチさんの名前もクローズアップされて。

鈴木　猪木さんや藤原さんが、もともとゴッチさんに鍛えられたっていうのも知ったんだろうね。

藤原　ジョジュ・バーネットなんかもそうだよ。

鈴木　ジョシュが初めてゴッチさんに教えを請いに行った頃、ゴッチさんから「変なアメリカ人が来るんだよ」って手紙が来ましたよ（笑）。

藤原 あっ、あれってジョシュのことだったのか(笑)。

鈴木 ゴッチさんは何度か追い返したらしいんですよ、「俺はアメリカ人が嫌いだから、お前に教えるものは何もない」って。それでもジョシュはゴッチさんの家に毎日行って、そのうちゴッチさんが「入ってこい」と言って、家の入口でフロントフェイスロックを極めたら、「そのやり方を教えてください」ってお願いして、あいつは仲良くなったみたいですね。

藤原 ゴッチさんは一生懸命学ぼうとするヤツが好きだからね。一生懸命やるヤツは、もしできなくても文句は言わないんだよ。でも、できるのにやらないヤツは嫌いで、一度嫌ったら口もきかなくなるからな。

鈴木 きかないですね(笑)。

藤原 「ハロー、ウィズ、グッバイ!」だからな。でも、ゴッチさんとの練習はキツいけど楽しかったな。ゴッチさんの家の庭には大きな木があって、その枝に船舶用の太いロープがぶら下がってて腕の力だけで昇る練習があったんだよ。で、俺が鈴木たちも連れてフロリダに行ったとき、そのロープをゴッチさんが飼ってたアメリカンピットブルに嚙ませて振り回してたら、ゴッチさんが怒ってな〜。

鈴木 「これをやったのは誰だ!」って(笑)。

藤原 アメリカンピットブルに嚙まれてロープの下のほうがボロボロになってるわけだよ。それで「フジワラ、お前だろ!」「練習道具でこんなことをするもんじゃない!」って叱られてな。

鈴木　「お前らはそっちで練習やっておけ！」と言いながら、ゴッチさんがずっとそのロープの修復をしてて（笑）。

藤原　そうそう（笑）。ゴッチさんは道具を大切にしてたよな。

鈴木　器具はなんでもピッカピカでしたね。でも、当時の藤原さんは40代で藤原組のトップじゃないですか。その藤原さんがこっぴどく叱られてる姿はちょっと新鮮でびっくりしましたね。「うわー、藤原さんが怒られてる！」って（笑）。

藤原　ゴッチさんから見たら、俺なんかひよっ子だろうからな（笑）。

鈴木　何年か前に佐山さんと対談させてもらった時、俺がゴッチさんの家でやったトレーニングの話をしたら、「うわっ、何十年も経ってるのに同じトレーニングをやってるんだ」って、驚いてましたよ（笑）。

藤原　ゴッチさんは何十年も変わらないトレーニングをしてるんだけど、それでも少しずつ工夫して、新しいやり方も取り入れてたんだよ。俺が50歳くらいの時にゴッチさんから手紙が来て、「ヨーロッパの本を読んでたら、こんなトレーニング方法があったぞ」って細かく絵を描いて俺に送ってきたことがあったからな。

鈴木　50歳過ぎてもまだトレーニングをやれってことですね（笑）。

藤原　ゴッチさんは俺より25歳上でやってたわけだからな。金子さんも歳を取ってからもトレーニングを続けていて、ゴッチさんと同い年だったんだよ。不思議なもんで、ゴッチさん、金子さん、そしてうちの親父が3人とも歳が同じでな。

鈴木 たぶん全員頑固ですね（笑）。ゴッチさんの家の前の一本道に電柱が等間隔で立ってて、1本目の電柱まではジャンピングスクワット、2本目はアヒル歩き、3本目はこれをやれって運動が決められて、「電柱がなくなったら戻ってこい」って言われてやったんだよ。かなり遠くまで電柱が続いてるから、途中でちょっと手を抜きたいなと思って振り返ったら、こんな遠くまで離れてもゴッチさんが腕組みしながらずっと見てるんだよ。「うわっ、見てる！」と思って、いっさいのズルができなかった（笑）。

――鈴木さんとの対談では、佐山さんも同じことやらされたって言ってましたよね。

藤原 俺が若い頃、ゴッチさんの家に5カ月間トレーニングに行かせてもらった時、ゴッチさんがメキシコにいた佐山をフロリダまで呼んだんだよ。関節技の手本を見せる時は2人でやるわりだから、3人必要なんだよね。それでゴッチさんに呼ばれた佐山が俺のアパートに転がり込んできて、しばらく一緒に住んでたんだけど、あいつは調子がよくて「藤原さんは料理がうまいからなあ。今日はステーキが食べたいな」とか言うんだよ。

鈴木 佐山さんっぽい（笑）。

藤原 「今日はカレーライスが食べたいな～」とかさ。まあ、俺はもともとコックをやってて料理は嫌いじゃないからつくったけど、あいつは食うだけなんだよ（笑）。

――藤原さんが毎日ちゃんこ番だったんですね（笑）。

鈴木　ゴッチさんのところでトレーニングをやるじゃないですか。俺が言われた回数をなんとかこなすと、「サヤマはこれを連続でできたぞ」とか言うんですよ（笑）。

藤原　あいつはやりすぎるんだよ。俺のときはゴッチさんがディップス（両腕だけで体を支えて上下運動をするトレーニング）を20回やってみせて、「お前もやってみろ」ってやらされたんだけど、俺はわかってるから17回目くらいから苦しそうにやるんだ。そうするとゴッチさんは19回でも「よし、もういいぞ」って言うんだよ。だけど佐山はできるからって25回ぐらいやりやがるから、そうするとゴッチさんが顔を真っ赤にして30回ぐらいやったりしてな（笑）。

――ゴッチさんが張り合っちゃうんですね（笑）。

藤原　そのうち佐山も要領を覚えてきて俺と同じようにやるんだけど、するとゴッチさんがジロッと見て、「おい、サヤマ。お前は男だろ。そういう下手な芝居をするもんじゃない！」って叱られてるんだよ（笑）。

鈴木　そういう昔のことって、なぜか覚えてるもんですよね。

藤原　46年も前のことなのに鮮明に覚えてるよ。またゴッチさんの住んでるフロリダが暑くてな。冬場の2月くらいがちょうどいい気候で、5月くらいになると、もう暑くて暑くて。

鈴木　俺が行ったのは10月くらいでしたけど、初日でかなり日焼けしましたね。

藤原　その暑いなかで練習をやってると、途中で30分くらい小休止があるんだよ。その時、ゴッチさんはでっかいジョッキに氷を半分くらい入れて、オイルサーディンをかじりながら赤ワインを飲むんだ。すると乾いたスポンジのように吸収するわけだよ。すぐ酔っ払うけど、ジョッキ半分だからすぐ汗で流れてまた練習してな。

鈴木 俺が行った時は、すごく暑かったのにジョッキになみなみと熱い紅茶が注がれて、そこにハチミツをドボドボ入れて「はい、スポーツドリンク！」って渡されたんですよ。「こんなの飲めないよ……」と思いながら飲んだ記憶がありますね。ワインは練習のあと飲みました。

藤原 お前、まだ子供だったろ？

鈴木 いや、もう25、26歳でしたね。練習後、ゴッチさんの家のテレビの下からそのワインが出てきましたよ。

藤原 でかいやつね。

「ゴッチさんはけっして善人ではない。怖い人だった」

――鈴木さんとゴッチさんの繋がりができたのは、藤原組に行ったからこそですよね？

鈴木 藤原組の旗揚げ前、藤原さんに「ちょっと来い」と言われて部屋に入ったら、雑誌で見たままのカール・ゴッチが黒の皮ジャケットを着てそこに立っていてね。ビックリしてたら藤原さんに「ゴッチさんがしばらく日本に住んでお前らをコーチしてくれることになったから」って言われて、そこからですね。

――藤原さんは団体を立ち上げるにあたって、どうしてもゴッチさんにコーチとして来てほしいという思いがあったわけですか？

藤原　そうだね。メガネスーパーの田中社長が「団体のために必要なものは、トレーニング器具でも選手でもコーチでもなんでも言いなさい」と言ってくれたので、「ゴッチさんをコーチとして呼んでください」とお願いしたんだ。そうしたらゴッチさんの給料から東京での住まい、飛行機の手配とか全部やってくれたよ。

――日本に長期滞在してもらうわけですから、それなりの条件を提示しなければいけないですもんね。

藤原　ただ、ゴッチさんはお金を払えば誰でも教えてくれるわけじゃないからね。そこをお願いして来てもらって。ビザの関係と向こうに奥さんを残しているので、3カ月に一回フロリダに帰って、また日本に来てコーチしてもらったよ。

鈴木　おかげで俺らは毎日ゴッチさんにコーチしてもらって、その後も亡くなるまで手紙のやりとりをさせてもらいましたね。

藤原　ゴッチさんがコーチで来ていた時、たしか臼田（勝美）がゴッチさんに付いて身の回りの世話をしていて、ゴッチさんは銭湯が好きだからよく一緒に行ってたんだよ。それで臼田がゴッチさんの後ろを歩いていたら、ゴッチさんが「おい、なんでお前は俺の後ろばかり歩くんだ？」って聞いたんで、臼田は「先生の前を歩くわけにはいきません」と言ったらゴッチさんが、「練習中は先生と生徒かもしれないけれど、練習が終わったらお前と俺は友達じゃないか」って言ったらしいんだよ。その話を聞いて、俺はジーンときたね。

――〝神様〟がお付きをしてる新弟子に対して「友達」と言うわけですもんね。

鈴木 俺もゴッチさんから「お前からすると俺は先生かもしれないが、俺からすればお前は生徒ではなく友達だ」って言ってもらえたことがありますね。

藤原 ゴッチさんはそういう人だったんだよ。師弟関係というのは弟子のほうから決めるという考え方。素晴らしい人だったな。ただ、去年ジョー・マレンコがゴッチさんの墓参りで日本に来た時、「ゴッチさんはレスラーとしては素晴らしい人だけど、悪いところもある」と言ってたけどな（笑）。

――何カ月かコーチしてもらうのはいいけど、ずっと近くにいるのはなかなか大変な人なんでしょうね（笑）。

藤原 ゴッチさんの隣の家にシェパードがいて、ゴッチさんの家にはでかいピットブルがいるだろ。ある時、隣のシェパードがうるさく吠えていたら、ゴッチさんのピットブルが金網越しにシェパードを噛み殺したらしい。それで隣の家の飼い主が怒ってさ。そしたらゴッチさんは、謝るどころか「おい、今度は俺がお前を噛み殺してやろうか？」と言ったらしいんだよ。

――ひどい！（笑）。

藤原 だからジョー・マレンコは、「ゴッチさんはけっして善人ではない。怖い人だった」って言ってて。俺のことを「あなたは性格がいいゴッチだったけど、カールは危ないゴッチだった」と言ってたよ（笑）。

――ゴッチさんとの近所付き合いは難しそうですね（笑）。

藤原　あと、ゴッチさんはイタズラ好きでな。家のそばにでっかい湖があるんだけど、練習後、パンツ一丁でその湖に飛び込んで「フジワラ、来い！」と言うから、「イエッサー！」って俺も飛び込んで一生懸命に泳いだんだよ。それで気づいたらゴッチさんは岸に上がってて、「おーい！」って俺のことを呼ぶんで、何かと思ったら「ここにはワニがいるから気をつけろ！」だって。それで俺がUターンして必死に泳いで帰ってきたら、ゴッチさんが真っ赤な顔して腹を抱えながら笑う、笑う。

鈴木　ホント悪い人ですねえ（笑）。俺も同じですよ。練習して汗でビチョビチョになってたら、ゴッチさんが「おい、ここに立つと涼しいぞ」って木の桟橋のところに行って。風が吹いてきたんで「あっ、ホントに涼しいな」と思った次の瞬間、後ろからドーンと突き落とされて、ゴッチさんがゲラゲラ笑いながら「おい、ワニがいるぞ！」って（笑）。

――ワニがいる湖に落とすのは鉄板ネタなんですね（笑）。

藤原　あの辺は湿地帯だからワニがいるのはホントなんだよ。俺もワニが道を横断しているのを見たことがあるし。

鈴木　俺は試合でアメリカに行った時、ちょっと時間ができると釣りに行ったりするんですけど、

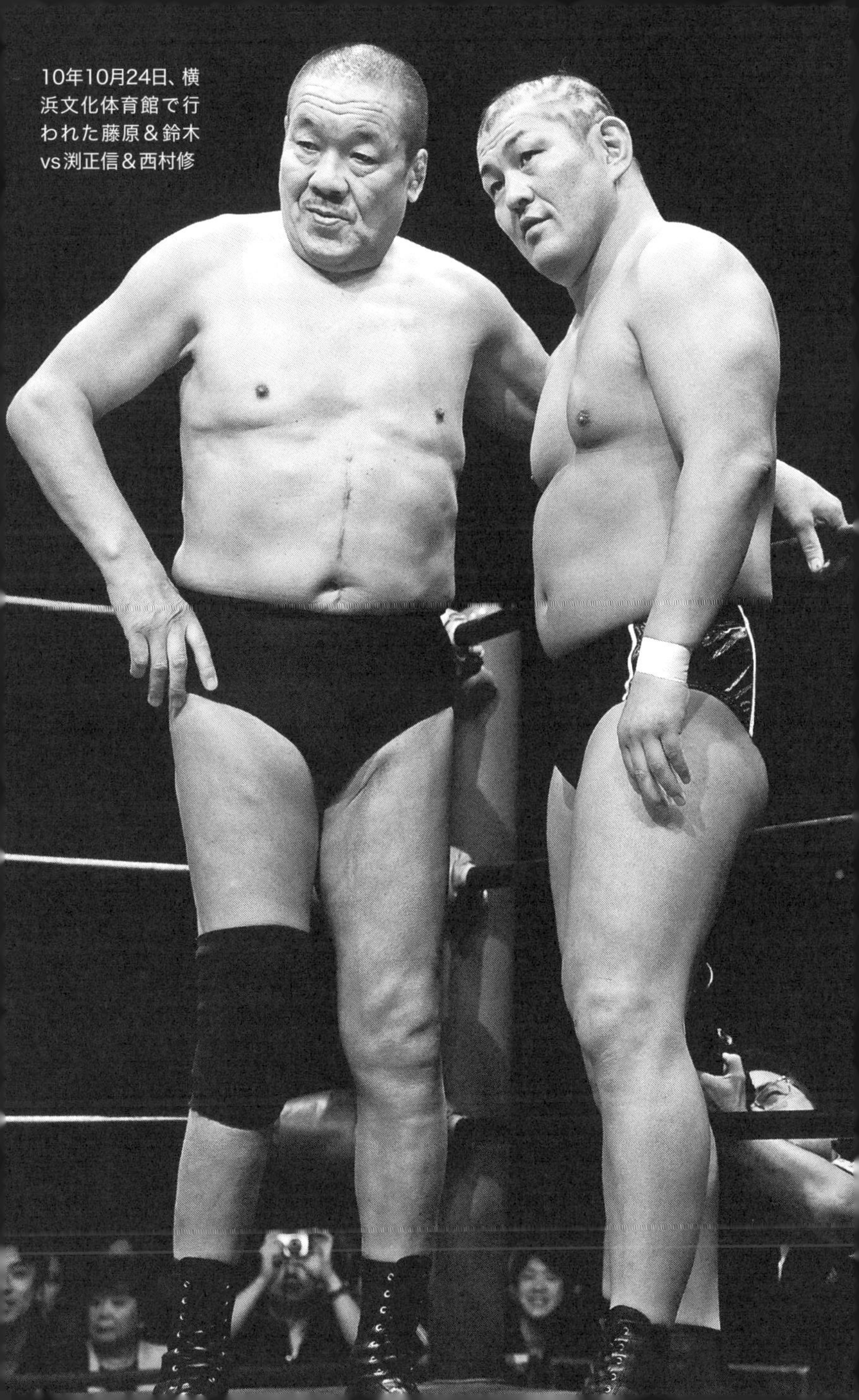

10年10月24日、横浜文化体育館で行われた藤原＆鈴木vs渕正信＆西村修

たしかにあの辺はワニがいっぱいいますね。オーランドで釣りしてた時に遭遇しましたから。水面から何かがひょこっと出てきたんで、よく見たらワニが俺のことを狙ってるんですよ。

藤原　アキレス腱固め極めてやったらいいじゃねえか（笑）。

鈴木　いや、足を持った瞬間に噛み殺されてますよ（笑）。

冬眠直前の最恐の熊と闘った藤原

――藤原さんはテレビのロケで、熊と闘ったことがありますよね（笑）。

鈴木　あー、あれね。最近、藤原さんと熊が森の中で闘ってる映像がX（旧ツイッター）でメチャメチャ流れてたんで、俺も一日に2、3回見てますよ。これ、ヤバいなって（笑）。

藤原　言っておくけどね、山で熊に遭遇した人が巴投げで投げて熊を追い返したとか、殴ったら熊が逃げていったとか、そういうニュースを見るけど、あれは4～8月あたりまでなんだよ。熊って実は臆病なところがあって、ヤバいと思ったらすぐ逃げる。でも、10月以降の熊は冬眠前でいっぱい食べておかないと死ぬから、すごい殺気立った怖い時期なんだよ。で、俺がやったのは11月30日だよ。

――冬眠直前の最恐の時期（笑）。

鈴木　食われますよ（笑）。

藤原 あの熊は人に飼われてる熊なんだけど、熊っていうのは調教されたサーカスの熊でも11月から3月くらいの冬眠期は凶暴。本当はもう冬眠する時期なんだけど、無理やりタンパク質が多いニワトリのアラをばんばん食わせて、番組のために起こしておいたんだ。それで「準備できました！」って言われて現場に行ったら、飼い主が傷だらけで血を流してるんだよ。「ここに連れてくるときに襲われた」って（笑）。

鈴木 ワハハハハ！ ヤバい（笑）。

藤原 飼い主でもやられてるのに、俺は赤の他人だからな。そこの奥さんは、「夏の間はいい子なんだけどね。今だったら私が行っても殺されるわ」とか言ってるしな。そこで「俺、ハメられたな」と思ってスタッフに言ったんだよ。「おい、ホントに大丈夫だろうな？」って。そしたらなんて言ったと思う？「大丈夫です。たっぷり保険に入ってますから」だって。「お前らだっこ危ないと思ってるんじゃねえか、コノヤロー！」ってな（笑）。

――90年代のバラエティ番組は、今では考えられないやり方をしてたんですね。

藤原 でも、そこでやめたら「藤原の野郎が逃げた」って言われるだろうから、そんなこと言われるぐらいなら殺されたほうがマシだなと思ってやったんだよ。小型の熊だったけど、向こうのヤツに言わせると「小さい熊のほうが怖い」って言うんだよ。「あれぐらいのヤツがいちばん動きも速くておっかない」って。俺なんか突進されて吹っ飛ばされて終わりだよ。なんかあの映像を見て「藤原は小熊にも勝てなかった」とかネットに書いてたヤツがいたらしいけど、当たりめえだろって！　言うのは簡単だけど、普通のヤツはあそこに立っただけでションベンちびるよ。

鈴木　（スマホで検索して）あっ、その映像がありましたよ。いきなり藤原さんがバーンとふっ飛ばされてますね（笑）。

藤原　2回ふっ飛ばされたんだよ。地面に強く叩きつけられたから、下半身が動かなくなってな。なんとか熊の後ろに回ろうと思ったんだけど、2回吹っ飛ばされて、「ダメだ……」となってさ。

鈴木　すげえ吹っ飛んでますよ（笑）。

藤原　金網の外には銃を持ったハンターがいたんだけど、ライフルに弾は入ってなかったんだよ。俺が熊に襲われてヤバくなったときに撃ったとしても、もし俺に当たったら人殺しだからって。

鈴木　弾が入ってなかったら意味がないじゃないですか（笑）。

藤原　一応、テレビ的に安全を第一に考えて撮影しているように見せるためにいるだけでね。ひどいだろ？

――まさに、不適切にもほどがあるロケですね（笑）。

藤原　こんな企画を考えたのはテリー伊藤だよ。あの野郎、俺をハメやがって。テリーさんは現場に来てなくて、他の監督が全部指示してたんだけど、本番前になんて言ったと思う？　「おい、みんな！　何があってもカメラを止めるな！」だからな。

――『カメラを止めるな！』という映画が大ヒットする前から、藤原さんはそんな目に遭っていたという（笑）。

藤原 熊がいる金網の中に入った時、俺は合法的に殺されるんだろうなって思ったよ。
鈴木 なんの話なんだよ、これ。すっごい面白いけど（笑）。

「新生UWFの時の前田さんの苦労も、藤原組の悩みのタネも俺」

――藤原さんがこういう危険なバラエティのロケをやるようになったのも、鈴木さんたちが集団で藤原組を辞めたから、芸能で稼ぐためですよね？（笑）。
鈴木 えっ、俺のせい？（笑）。
藤原 お前らのせいだよ！（笑）。俺もなんとか食っていかなきゃいけないから、そりゃ必死だよ。カネになることはなんでもやったからな。
――その後も藤原組は続きましたけど、のちのバトラーツ勢はほぼ無名の若手選手ばかりでしたから、興行だけでなく芸能に活路を見出したという。
藤原 みんな馬鹿どもでよ。後楽園ホールで興行をやって、「いやー、今回は儲かりました」って島田（裕二）のバカが言うから、「いくら儲かったんだ？」と聞いたら「70万円も儲かりました！」って。当時の藤原組の道場兼事務所の家賃だけで月120万円だよ。「家賃にもならねえじゃねえか！」って。だから俺が芸能活動で稼いだカネは、全部支払いに回っていたよ。
――第2期藤原組は大変でしたよね。もうメガネスーパーはプロレス界から撤退しているのに、所属選手は鈴木さんたちがいた頃よりもなぜか多くなっちゃって（笑）。

藤原　困ったもんだよ。

鈴木　爆弾を抱えるクセがあるんですね（笑）。

藤原　でも、今考えると、藤原組の団体運営をしていた頃が俺の人生でいちばん勉強になったな。他人に期待して投資しても無駄だ、これからは俺ひとりでやっていこうと思えたし。それからもうすぐ30年だからね、よう頑張ってきたよ。

鈴木　俺もフリーになって22年ですけど、ひとりでやるようになって初めてわかったことがたくさんありますよ。今もいろいろ気づかされることが多いし。

藤原　組織の大小にかかわらず、ボスっていうのは大変なんだよ。だから、猪木さんだって相当苦労したと思うよ、「俺こそは！」っていう人間ばかりの新日本を率いていたわけだからな。それで昔のＵＷＦでは前田が親分だったろ。あいつも当時の苦労話になると、いろいろムカムカしてきて、最後は悪口ばっかりになっちゃうけどな（笑）。でも、それだけ大変だったんだろう。下から見てると、「ひとりでいい思いばっかりして」って見えるかもしれないけど、いい思いばっかりしてないよ。

鈴木　新生ＵＷＦの時の前田さんの苦労の元がわりと俺だったりするし、藤原組の悩みのタネも俺だったりするんで（笑）。

藤原　そう。間違いなくお前だよ（笑）。でも、今はひとりになって、たぶんいい勉強していると思うよ。

鈴木　UWFや藤原組で月給もらっているうちはわからないことがたくさんありました。今は1試合いくらというのを自分で交渉して、たくさん試合がある月もあれば、1〜2試合しかないときもあって、収入に波があるんでいろいろ大変な面もありますけど。こういう生活になってからがいちばん長いんで、「お金をつくるって大変だな」とか思いながら、世界中で仕事させてもらってますね。

藤原　それが本当のプロになったってことなんだろうな。

「俺は絶対にあのジジイには負けねえ」

――最後に、鈴木さんにとって藤原喜明という人はどんな存在ですか？

鈴木　そうだなあ……。

藤原　好きに言ってもいいよ。

鈴木　なんかいろんなことを教えてもらった人であり、俺が反発した人であり、それが時間が経って今はまた一緒に話ができるようになった人なんで、プロレスの世界の親父みたいな感じですね。実際の親父とも同じようにケンカしてましたから（笑）。自分はプロレスに入る時に家族から反対されて、親父からも「もう縁を切る」と言われた時、「お世話になりました！　縁を切ります！」って言って家を出てきたんで。

藤原　ろくなもんじゃねえな、おい。

鈴木　「誰のおかげでここまで育ててもらったと思ってるんだ！」って言われたけど、家を飛び出して。でも、俺が25歳を過ぎたくらいからまた仲良くなったんですよ。

――25歳というと、パンクラスをつくった頃じゃないですか。じゃあ、実のお父さんと仲良くなったくらいの時に、プロレス界の親父である藤原さんのところを「お世話になりました！」と出て行ったわけですね（笑）。

鈴木　藤原組という家を出ていったね（笑）。

藤原　でも、俺はホッとしたよ。「自分のことは自分でやろう。ひとりでいいや」って思えたからね。まあ、いろいろあったけど、人生っていうのは死ぬまで勉強だよ。

鈴木　今になってふと気がつくと、いろんな面で藤原さんやゴッチさんの真似をしてるんですよ。たとえば藤原さんってスーツケースを開けるとお中元の箱の中身みたいに、服とかがきれいに入れられてるんだけど、今、俺が巡業や海外に出る時のカバンの中身がそうだからね。ゴッチさんもそういう人で、服の一つひとつにちゃんと畳み方があったりとか。

藤原　テーブルに置いてあるものの位置も常に一緒なんだよ。

鈴木　整理整頓の重要性は、あるとき藤原さんが教えてくれたんですよね。「試合では一瞬で最適な答えを出さなきゃいけない。そのためには、頭の中がゴチャゴチャしててはダメで、どこに何があるかわからなければ引き出せない。だから俺は普段からこうしてるんだ」と言われて、それから俺も自分の部屋はモデルハウスみたいにいつもきれいにしていて。頭の中も常にクリアにしておこうみたいな気持ちがありますね。そこは藤原さんをパクってます。

藤原 パクリじゃなくて、「学んだ」って言ってくれよ（笑）。

鈴木 あっ、学びました（笑）。朝起きると、いつも掃除機をかけるんですけど、「やっぱ、面倒くせえな。時間ねえしな」って思うときもあるんですよ。そんなときは上のほうからゴッチさんの声が聞こえてくるんです。「お前、今日もまたサボったな」って。昔、ゴッチさんに練習中によく言われたんで（笑）。その声が聞こえてくるんで、時間がなくても掃除機かけてますね。

藤原 それは俺も同じだよ。俺は今道場に行かない代わりに、朝はプールに行くのを日課にしてるんだけど、風邪ひいてしばらく行かなくなると、「俺は怠け者だな……」って、自分で自分を責めるんだよな。「なんだよ、お前。今日は何も練習やってねえじゃねえか」って。風邪ひいてもそういう罪悪感を感じてしまうんだよ。

鈴木 それは確実にゴッチさんの影響を受けてますね。俺はゴッチさんと藤原さん、ダブルで影響を受けてるので（笑）。

――ゴッチさんが天から厳しい目で見守っていてくれるわけですね（笑）。

鈴木 見守ってくれてるというか、なんなら見張られてるような気がするんだよね（笑）。あと、サボったら「藤原さんに負ける」って思っちゃうんですよ。藤原さんは自分より20歳近く上でまだリングに上がってるんで、「俺は絶対にあのジジイには負けねえ」と思って今もやってます。トレーニングでもなんでもそうですね。

――藤原さんが励みになってるわけですね。

鈴木　ありがたいことですよ。

藤原　こっちは迷惑でたまらないけどな（笑）。

鈴木　プロレス界の〝親父〟なんで、そのへんは勘弁してください（笑）。

85年5月18日、第一次
UWFのシリーズに帯同して
いたゴッチ（下関市体育館）

「闘魂イズム」コラム⑧

バラエティ番組の〝オモシロ王〟藤原が死を覚悟した熊との闘い！

1994年頃のことだ。テレビを点けたら、私服の藤原が街中でスクワットをしていた。テレビの企画で、藤原がテレクラの女の子とデートの約束を取りつけ、待ち合わせの目印として、藤原がスクワットをするという設定だった（素晴らしい企画！）。

92年末の藤原組の選手大量離脱により、翌年から藤原のバラエティ番組出演が増え始めた。藤原がクレヨンしんちゃんの扮装をし、女性の寝起きを襲ったこともあれば（素晴らしい企画！）、柔道、空手の有段者として知られる外国人タレント、チャック・ウィルソンとのテレビ番組での殺気だった抗争もあった。TBSの特番『オールスター感謝祭』での相撲対決に端を発する二人の因縁だが、実は〝やらせ〟だったという。

〈初対面の藤原さんに『チャックさん、みんな僕らをライバルだと思っているから、これを（演出に）利用しましょう』と言われたんです〉（チャック・ウィルソン。「NEWSポストセブン」2022年9月2日付）。

逆にやらせなしのガチンコ勝負になってしまったのが、伝説の熊との一戦だ。藤原は3度の体当たりを食らい、命の危険から試合がストップされた。この闘いはTBSの番組『爆裂！異種格闘技TV』の企画だったが、この番組は、前番組が1クールで打ち切られたことから急遽制作された〝つなぎ用コンテンツ〟だった。放送期間は95年の1月から3月で、最初から終了時期が決まっていた。

テリー伊藤の狂った演出！

どんなに頑張っても続かないこの番組の演出はテリー伊藤。元ボクサーのタレントのタコ八郎に東大生の血を輸血したり、シマウマは地肌も白黒なのか毛を刈るなど、尖った企画が盛りだくさんで、過激な〝異種格闘技〟として藤原にも白羽の矢が立ったのだ。

テリー伊藤が言うには、「ペットとして飼われてる子熊だから安全」ということだったが、1月の放送に合わせて、前年の11月30日にカナダのロケ地に入ると、対戦相手の熊は試合場側の檻の中で明らかにイライラしていた。そこに2メートル近い男が現れるが、頭から血を流している。聞くと、この熊の飼い主で、檻に閉じ込める際、熊に暴れられて流血したというのだ。そして飼い主の奥さんがトドメの一言を放つ。

「夏の間はいい子なんだけど、今は冬眠の時期なのに強引に起こしてあるから、近づいたら、殺されるわよ！」

「大丈夫なんだろうな？」と聞く藤原に、番組スタッフは答えた。

「藤原さん、大丈夫です。保険にたっぷり入ってますので！」

「闘魂イズム」コラム ⑨

中学時代、藤原に叩きのめされた川田が40年の時を経て〝恩返し〟

「極める方向が違うよ」というプロレス史に残る名文句がある。1986年2月6日、藤原と一騎打ちした猪木が、アキレス腱固めをかけてきた藤原に言ったとされる有名な言葉だ。猪木が藤原に、技の掛け方を教える図式となり、これに藤原のセコンドだった前田日明が激怒。猪木が試合に勝利した直後、猪木のアゴにハイキックを見舞った。前田としては、尊敬する藤原が猪木から小馬鹿にされているようで、我慢がならなかったのだ。

ところがこの11年後、ほかでもない藤原が、ワキ固めを仕掛けてきた選手に、試合後、同じ言葉を浴びせたことがあった。「(極める腕の)方向が違うよ!」。97年1月26日、そう言われたレスラーは川田利明。この時期、全日本プロレスは、他団体の選手にも門戸を開き始めており、藤原は前年11月からスポット参戦していた。藤原はいざ参戦すると新日本プロレス出身という意地から、全日本に対して言いたい放題。「初戦が6人タッグと聞いて帰ろうと思った。ナメやがって」。年が明けて川田とのタッグ対決(藤原&菊地毅vs川田&渕正信)が組まれると、「川田って誰? 蹴り? 当たらないよ」。試合が始まってからは、「川田出て来い!」と言いながら、川田の出番時には菊地にタッチしてすかす。試合後は、川田のワキ固めにダメ出しと、傍若無人の振る舞いだった（試合は川田が菊地に腕ひしぎ逆十字固めで勝利）。

ところが、川田との初戦を終えて、一般誌の取材に答えた藤原の全日本への感想は……。

〈全日本は控え室の雰囲気がいいね。フワ～ッと温かい。（中略）働きやすさからいったら、（新日本より）全日本のほうが温かく迎え入れてくれそうな気がする〉（『アサヒ芸能』97年1月23日号）

新日本の入門テストで川田をズタボロにした藤原

実は川田は中学3年生の時、新日本の入門テストを受けている。1人目の選手をヘッドシザーズで締め上げ、2人目にも極めさせなかった。すると、3人目に出て来て川田をズタボロに叩きのめしたのが藤原だった（川田は入門テストに合格するも、結局、高校に進学）。先の試合で約20年ぶりの邂逅を終え、川田はこう語っている。

「『川田出て来い！』って、なんだよ、名前知ってるじゃんって（笑）。（藤原の）関節技は、やっぱり早いね」

川田は2003年に出した自伝『俺だけの王道 川田利明自伝』（小学館）で、入門テストでの藤原とのスパーリングをこう振り返っている。

〈プロの味を初めて味わわせてもらったということで、今ではありがたく思っている〉

川田は自身のプロデュース興行の3大会で、藤原をメインに起用している。

「闘魂イズム」コラム⑩

藤原の二度目の新日本復帰時に猪木が見せた天才的な〝話芸〟

2025年2月現在、インターネット上の百科事典、ウィキペディアの、往年の外国人レスラー、ディック・マードックの欄にはこう書かれている。

〈猪木がマイクを持ち、「おーい出て来い」のGOサインで花道から現われ、星野（勘太郎）に代わる（中略）助っ人として活躍した〉

これは1987年9月17日の10人タッグマッチに関する記述だが、少なくとも猪木のマイクのくだりの事実はいっさいなく、誤記である。にもかかわらず15年以上、訂正されず残っているのは、それだけ猪木の「おーい出て来い」がインパクトのあるマイクで、面白半分で放置されていると推測できる。この「おーい出て来い」は、93年4月6日、両国国技館において、猪木が藤原喜明を新日本プロレスのリングに呼び戻す際、放たれたマイクである。これにより藤原は、翌5月の新日本の福岡ドーム大会に出場することが決定と思われたわけだが、呼びかけの直前に猪木がリング上で発した「修業とは、出直しの連続なり」というマイクや、登場した藤原の「藤原でございます！　猪木さんに命、預けます！」という極上の挨拶も含め、平成プロレス史における名シーンとなっている。

猪木の〝口パクパク〟に翻弄される記者とファン

ところが藤原によれば、これ以上に驚く猪木とのやりとりがリング上で行われていたという。それは、藤原が「命、預けます！」と叫ぶ直前、公には4年ぶりに出会う猪木と抱擁した時のことだった。猪木は口をパクパクして、何かを語りかけていたのだ。その後、コメントスペースでは、それについての質問が報道陣から多数飛んだ。「福岡ドーム以降も新日本に上がるのですか？」「（猪木戦を望んでいる）天龍選手と闘うことになるかもですが？」など。リング上で猪木は藤原に何を言づけたのか？　記者もファンも気になってしょうがなかった。

果たして、猪木は何を言ったのか？　藤原が明かす真実は、想像を遥かに超えていた。藤原は自身の著書『男の真剣勝負』（94年、ベストブック）でこう明かしている。

〈この光景を見たファンはいろいろと想像をめぐらしたことだろう〉〈猪木さんは何も言わずにただ口をパクパクしていただけだ〉

何も言わず、口をパクパクさせることで周囲の勝手な期待を煽ったのだ。同著で藤原は猪木を、こう結論づけている。

〈「天才」と呼ぶほかない〉

特別収録

新日本と全日本の看板を背負った〝昭和レスラー〟の意地とプライド

対談

藤原喜明×天龍源一郎

PROFILE

天龍源一郎 てんりゅう・げんいちろう●1950年、福井県生まれ。大相撲を経て、76年に全日本プロレスに入団。87年に「龍原砲」結成。その後「天龍同盟」を結成し一大ブームを起こすも、90年にSWSへ移籍。92年、WAR設立後は新日本プロレスに参戦。98年にフリー。2010年からは天龍プロジェクトで活動。15年11月15日、両国国技館で引退した。"ミスター・プロレス"と称され、三冠ヘビー級王座、IWGPヘビー級王座の両タイトルを獲得するなど引退まで第一線で活躍。また、日本人で唯一BI砲からピンフォール勝ちを収めたレスラーでもある。

取材・構成■堀江ガンツ

天龍源一郎が両国国技館での現役引退（2015年11月15日）を控えた時期に行われた藤原喜明との対談を今回、特別収録。大相撲出身でジャイアント馬場の弟子だった天龍と、アントニオ猪木の一番弟子で〝関節技の鬼〟藤原。出自もプロレススタイルも真逆の二人が、それぞれのプロレス感、猪木、馬場への思いを熱く語り合った――。

「馬場はダメだ！」「新日本が正義！」という洗脳

――天龍さんと藤原さんは7・27新木場大会（2015年）で6人タッグで対戦されましたが、このカードは「引退前に藤原さんともう一度闘いたい」という天龍さんの意向によるものだったんですよね？

天龍　そうですね。俺はよく「ジャイアント馬場、アントニオ猪木に勝った天龍」と言われることがあるんですけど、いまだに自分の中の禅問答で「あのとき馬場さんは、本当に（ピンフォールを）返せなかったのかな？」とか、「猪木さんは返せなかったのかな？」という思いがあるんですよ。

――3カウントは奪ったけど、本当に自分は勝ったのか？という思いですか。

天龍　それと同じような感覚を、藤原さんと横浜文体（元・横浜BUNTAI）で初めて一騎打ちした時も感じたんだよね（1997年11月24日）。ワンツースリーは奪ったけど、関節技をガンガン仕掛けられて、「本当に返せなかったのか?」という思いがあって、その前提の上にあるのがこの前の6人タッグでの藤原喜明戦だったんですよ。

――もう一度闘って確かめたい、と。

天龍　それと同時に思ったのは、若い頃から猪木さんにずっとついてきて、あれだけの腕があるのにべつに偉ぶるわけでもなく、ギラリと光るというのは、趣味にしている陶芸と同じだと思いますよ。そういう藤原さんと、引退前にラインナップを組めて本当によかったと思ってますね。

藤原　初めから褒められると困っちゃうね(笑)。

天龍　いや、本心でそう思いますよ。これは自分が去っていくから、よけいに素直にそう思えるのかもしれないけどね。

藤原　じゃあ、俺も本心でちょっと言わせてもらうとね、天龍さんはチョップだけで30分でも1時間でもお客を沸かせることができるレスラーなんだよ。それは、今のレスラーにはできない。そういう怖さ、すごみ、存在感とか、なんかがあるんだろうな。それを才能というのかもしれないし。

天龍　ごまかしというのかもしれないけどね(笑)。

藤原　それは俺は言ってない(笑)。でも、客を飽きさせないというのは一種の名人芸だから。そういう思いがあったから、お嬢さん(天龍プロジェクト嶋田紋奈代表)から電話でオファーをもらった時も、「はい、わかりました!」って二つ返事でね。それからは試合がもう楽しみで楽しみでしょうがなかったです。

――やはり、藤原さんも横浜文体でやった初対決は思い出深いわけですか？

藤原 いや、あれが初対決だったか、最近物忘れが激しくてあんまり覚えてないんだけど（笑）。天龍さんと肌を合わせると、必ずお客さんが喜んでくれるような試合ができてるんで。今回も楽しみにしていたら、実際にそのとおりの試合ができてね。充実感とともに「これが最後かな」って思ったら、無性に悲しくなったね。

――それがマイクでの「あんたがマット界からいなくなると、俺は寂しい」という言葉になったんですね。

天龍 藤原さんからああいう言葉をかけられて、俺も感無量でしたよ。藤原さんとはもともと育ったところが違うし、師と仰ぐ人も全然違う人だったからね。

藤原 昔の新日本では「馬場はダメだ！」「新日本が正義！」っていう洗脳をされていてね、お互いそうだと思うんだけど（笑）。年に一度、東スポのプロレス大賞のパーティで新日本プロレスと全日本プロレスの選手が揃っても、向こうとしゃべる人なんかいなかったからね。

天龍 右と左で、全日本、新日本ってきれいに分かれてましたよね。

酔っぱらって、頭突き合戦

――そんな緊張関係のなか、天龍さんと藤原さんはお互いを意識し始めたのはいつ頃だったんですか？

天龍　俺はプロレスに入ってから燻ってたんだけど、だんだん上のほうに上がってくると、よその団体も目に入るようになってきて、同じ世代の人たちが気になり始めたんだよね。その時、新日本の札幌大会で藤原さんが長州（力）選手を襲って脚光を浴びた（84年2月3日、札幌中島体育センター）。それからですよ、プロレスラー藤原喜明っていうのを気に留めるようになったのは。

――藤原さんが「テロリスト」と呼ばれるようになった、あの雪の札幌、長州襲撃事件がきっかけなんですね。

藤原　たしか、あの年の年末か、年明けくらいに東スポか何かのパーティがあって、天龍さんに「おい、ちょっと行こうか」って飲みに誘われたんだよね。

天龍　ああ、赤坂に行った時ですか？

藤原　たしか、赤坂だったと思う。俺が35歳ぐらいの時だよ。

天龍　酔っぱらって、頭突き合戦とかやった時ね（笑）。

――かの有名な（笑）。天龍さんは、なぜ藤原さんを誘ったか覚えてますか？

天龍 たぶん、お互いもがきながらも 筋の光明が見えた時期だったから、「なんか同じような匂いだな」って俺が勝手に思ったのかもしれない。プロレスラー同士で友達になれるって、実はなかなかないんだけど、その時は俺が友達になりたくて、「飲みに行きますか」って声をかけたんだと思うんだよね。

藤原 で、こっちも望むところなんだけど、当時は「全日本はダメだ」ってずっと洗脳されていたから、酒の席でも負けるわけにはいかない（笑）。向こうが1杯飲んだら、俺は2杯飲もうとか、くだらないことだけど張り合ってたよ。

天龍 そんな感じで生きてきましたよね。

藤原 でもって酒を飲んで、べろんべろんになって、頭突き合戦とか始まってな（笑）。

天龍 その時はショーを見せる店でね、俺たちが盛り上がってワーッと楽しくやってたら、他の席のコワモテの客が、「やかましい！ あいつらを静かにさせろ！」って店員に言ってきたの。

藤原 非合法団体の方々でね（笑）。でもこっちは「関係ねえよ！ 素手のケンカなら負けねえぞ！」とか言ってさ。

天龍 しまいには店長が「もうお引き取りください」って言ってきてね。店を出たあと藤原さんと取っ組み合いになって、二人で階段を転げ落ちたんだよな（笑）。

――なんで、取っ組み合いになるんですか（笑）。

藤原 いや、あの時は天龍さんが「俺は関節技じゃ負けるかもしれないけど、相撲だったら負けねえよ」って言い出してさ。そりゃ、当たり前じゃねえかって（笑）。

天龍 そんな話ばっかりしてたね。

藤原 でも、こっちも酔っぱらってるから、勝てるわけないのに「相撲だってやってみなきゃわからねえだろ！」って言ってな。その場で相撲取り始めて、ガバッって組んだらぶん投げられて、鉄のらせん階段をゴロゴロ転げ落ちてさ（笑）。

天龍 追い出したと思ったら、まだドアの外でガヤガヤやってるから店長がまた来て、「もう帰ってくれ！」って言ってね（笑）。

藤原 でもね、それがケンカじゃないからすごい楽しいわけよ。男と男の友情っていうのは、そうやって作り上げていくんじゃないかね（笑）。

天龍 意地の張り合いでね。なんか、俺が貶されていると馬場さんが貶されているみたいな気がして、藤原さんも猪木さんのプロレスを否定されているみたいな、そんな感じがありましたよ。

藤原 だから、酒を飲んでるだけなんだけど、気持ちではもう闘ってるんだよ（笑）。俺は「新日本の代表だ！」、こっちは「全日本の代表だ！」みたいな感じで。いやあ、若かった。

天龍 若かったですね（笑）。そうやって酒を飲みながらつまんない意地を張って、相手の器量を試したりとか、人間性を試したりとか。そういう物差しでしかできないんですよ。

藤原 それを測ったからといって、お互い酔っぱらってるから、果たしてそれが正確かどうかはわからないけど、それは別にしてね（笑）。

天龍 また一緒にそういう経験をすると、のちのち「藤原選手はすごかったな」って印象に残るんだよね。それから6年ぐらい経って俺がSWSに行ったあと、メガネスーパーの田中八郎氏が俺たちと藤原組の人たちで一席設けて。俺が鈴木みのる選手に酒をすすめたら、「いや、俺はいいっす」とか言って断ってきたんで、また「この野郎〜！」ってなったんです（笑）。

藤原 そういう席の酒を断っちゃダメだよな。

――でも、鈴木さんもまだ22歳ぐらいで、よく天龍さんのお酒を断りますね（笑）。

藤原 生意気だったよな。俺もあんまり好きじゃねえんだ、いまだに（笑）。

――藤原さんの教育がいけなかったんじゃないですか？（笑）。

藤原 違うよ！ まあ、いかに先生が素晴らしくても、馬鹿はやっぱり馬鹿なんだよ（笑）。

団体の長としては失格

天龍 藤原組はSWSの系列団体みたいなところがあったけど、あの頃は関節技に特化した試合をやっていたから、俺たちがやってたプロレスと絡むのは、ちょっと違うなと思ってたでしょ？

藤原 いやいや、俺はもうちょっと頭が柔らかく、「なんでもできるのがプロだ」って言ってたんだけど、若いヤツらはなんか偏っちゃってね。やっぱり俺の教育がまずかったのかな？（笑）

天龍 でも道場と団体持ってて、維持していくのはけっこう苦労したでしょ？

藤原　いろいろありましたよ（苦笑）。藤原組っていうのは試合が月に一回しかなかったの。で、スタッフは「いやあ、今回は儲かりました！」って言うんだけどさ、「なんぼ儲かった？」って聞いたら「70万円」。「お前、道場の家賃だけで120万円なんだぞ！」ってね（笑）。

天龍　足りない分はどうしてたの？

藤原　当時、俺はテレビにいろいろ出させてもらってたから、そのギャラで全部埋め合わせして。

天龍　結局そういうことになっちゃうよね。

藤原　こっちは俺についてきてくれた若いヤツらのために「精一杯やってやろう」と思ってやってたんだけど、しばらくすると、やってもらってるほうは、それが当たり前のことになっちゃうんだよな。それで「なんだ、これ以上投資しても無駄だわ」ってなって、解散したんだよ。

天龍　俺たち昭和の人間って、べつに期待するわけじゃないけど、「こうやったんだから、響いてくれよ」って思うんだけど、それをスルーされちゃうと、「なんのためにやってたんだ、俺は」って思うときがあるよね。

藤原　だから俺は、団体の長としては失格だったんだよね。「ああ、俺は向いてねえわ。ひとりでやっていこう」みたいな。

天龍　あのとき藤原組には何人いたんですか？　結構いたでしょ。

藤原　14、15人いたかな。食わせるの大変だよ（笑）。

——天龍さんもWARで同じような経験をされてますよね？

天龍 WARはメガネスーパーから放り出されたって俺は思っているんですよ。始める時に、田中八郎氏がいろんな夢を語っていたわりには、2年でパッと閉めたから、「プロレスを放り出しやがって!」って思ってね。それからは藤原さんと同じですよ。選手はSWSの頃は給料で(ノアイトマネーを)もらってたから、そのまま試合数が減ろうが月給制で払い続けてね。俺が新日本に出て稼いだカネを、全部給料にして払ってましたから。

——それは本当に大変ですよね。

天龍 最後はもう、女房も呆れ返ってましたよ。「嶋田家はいいの? 選手のほうが大事なの?」って。俺もあの頃はレスラーは稼げるっていうのを見せたかったから、いい格好をして、800万円もするロレックスを買ったりとかしてたんだけど、それも全部売りさばいて、最後には女房の宝石にまで手を出して。もうカネに換えるものが全部なくなった時、女房に「これでもまだ続けていくんですか?」って言われて、これ以上はもう無理だろってことでWARを閉めたんですよ。

藤原 要するに昭和の男っていうのは、人の上に立ったとき、面倒を見てなんぼみたいなところがあったからね。ただ、それも限度があるから(笑)。

天龍 上に立ってやってる自分に酔ってる部分もありましたよ。「俺はこいつらのためにしっかりやってるんだ」というようなね。「こいつらを路頭に迷わせてはいけない」って思うから、くだらないヤツと試合をやれって言われても、「ああ、これでみんなを賄える」と思ってやってたから。

——それで大仁田（厚）さんと電流爆破（94年5月5日、川崎球場）までやってるわけですからね。

藤原　いや、電流爆破を馬鹿にするなよ、俺だってやってるんだから（14年3月21日、博多スターレーンの大仁田&大谷晋二郎vs髙山善廣&藤原戦など）。

——藤原さんの場合、60歳を過ぎてから電流爆破に何度も飛び込んでいくとは思いませんでした（笑）。

天龍　電流爆破をやった時はね、あの前年に新日本から「天龍さんはもう用無しです」みたいに取れることを言われたんだよ。俺を何度も担ぎ出しておいて「稼ぐだけ稼いだと思ったら急にこれかよ!?　この野郎！」と思ってね。それで「天龍源一郎がまだどれだけ稼げるか見せてやる！」と思ってやったんです。それで川崎球場の（観客数）新記録をつくったから。

——そういう意地だったんですね。

天龍　まあ、くだらないことですよ（笑）。

——でも、天龍さんと藤原さんの試合は、SWS時代から夢のカードとして何度か取り沙汰されながら、97年のWAR横浜文体まで、なかなか実現しませんでしたよね。

天龍　いや、SWSが解散したあと、田中八郎氏が「東京ドームで天龍さんと藤原さんで一騎打ちをやってください」って言ってきたことがあったんだよ。でも、その時は新日本との対抗戦が始まってて、新日本の（1・4）ドームに出ることが決まってたから、2カ月くらいしか違わなかったんで、やればどっちも食い合っちゃうし、俺が両天秤にかけてると思われるのも嫌だから、「新日本さんにOKしちゃったんで、社長、それはちょっと難しいですね」って言ったんです。そしたら田中八郎氏が「そんなことを言うんだったらウチはスポンサーから降りますよ」って言って、ホントにぶちっと切られちゃったんだよ（苦笑）。

――SWS解散後に、そんなことがあったんですか。

藤原 俺、その話は知らなかったな。

天龍 あ、そう？ あの藤原組が東京ドームでやった時（92年10月4日）ですよ。

藤原 あの時か！

天龍 あの東京ドームはSWS解散前からメガネスーパーで押さえていて、解散後も天龍vs藤原でそのドーム大会だけはやろうとしたんだけど、俺が断ったから藤原組の興行になったって聞いてますよ。

藤原 そうだったんだ。おかげで大変だったよ（笑）。

天龍 あれが新日本にOKの返事を出す前だったら、たぶん藤原さんとドームでやってましたよ。当時あれだけプロレスをガタガタ言ってた田中八郎氏が、もう一回だけ東京ドームのメインでやろうとするぐらい魅力もあったんだろうしね。

「馬場さんの悪口を言えるのは俺しかいない」

――東京ドームでは実現しませんでしたが、97年にWARで一騎打ちをやって以来、お互い認め合うようになって。先日のトークイベントでは藤原さんは、「天龍源一郎はすっごいレスラーだよ」って言ってましたよね。藤原さんが、他のレスラーをそこまでの表現で言うことってなかなかないと思うんですけど。

藤原　だから、俺もいろんな人とやってきたけど、三本指に入るんじゃないの?

天龍　マジですか、藤原さん(笑)。

藤原　アントニオ猪木、ジャイアント馬場、そして天龍源一郎。

――おお、すごい! 馬場、猪木に並ぶ存在!

天龍　いやいや、それはないですよ!(笑)。

藤原　これは俺の感想だから。馬場さんもすごかったよ。晩年に俺は全日本の札幌大会に呼んでもらって、初めてタッグマッチで当たったんだけど、あの巨体であの運動神経、素晴らしいもんですよ(96年11月28日、札幌中島体育センター別館。馬場&渕正信&井上雅央vs藤原&ドン荒川&本田多聞)。

天龍　馬場さんってね、後年よくネタにされてたけど、「あれだけ足腰が強い日本人、他にいるか？」って、あの（ブルーザー・）ブロディがよく言ってたからね。

藤原 だから俺も初めて当たった時、「なんだ話が違うじゃねえか！」って思って（笑）。「ジャイアント馬場はダメだ」って聞いてたのに、すげえよこの人ってね。

――馬場さんも藤原さんのことを認めてたんですよね。

藤原 自分のこと買ってくれたんですよ。これは言っていいのかわからないけど、渕さんが叱られたらしいですよ。「馬鹿野郎。お前より藤原ほうがよっぽどうまいぞ」って（笑）。

天龍 馬場さんは「すべてを飲み込んで、魅せるのがプロ」っていう考えがあったから、スパーリングの強さをあえてひけらかさない藤原さんに対して、プロを感じたというか。すごく好感を持ったんじゃないかな。俺はそう勝手に思ってるよ。

藤原 馬場さんとは一晩でいいから、べろんべろんに酔っぱらうまで「プロレスとは？」っていう話をしてみたかったたね。

天龍 馬場さんは藤原さんと同じように多趣味だからね。

藤原 あっ、絵を描いたりするんだ！

天龍 きっと話が合っていたと思うよ。奥が深い人だからね。

藤原 だから結論から言ったら、ジャイアント馬場もアントニオ猪木もすごかったってことだよ。

天龍 当時の上の人は、コメントひとつ取っても今の人にはないものがある。どんな気の利いた言葉を発しようとしたところで、馬場さんや猪木さんがポロッと言うことには勝てないよ。

藤原　馬場さんも猪木さんも天龍さんも、みんな頭がいいわ。それは学校に行って学べるものじゃなくて、カール・ゴッチの言う「人生大学」ね。ストリートカレッジ。そういう勉強をしてるわな。みんな頭がいい。やっぱり馬鹿じゃできないよ。

天龍　それは言えますね。とくにプロレスって、ファンの人たちがその人に共鳴することで成り立つものですからね。それがなきゃ、命の次に大事なお金は出さないよ。

藤原　そのとおりだ。

天龍　そういう人の下でやってたからね、藤原さんが新日本時代、アントニオ猪木あってのこの会社だと思ったのと一緒で、俺もジャイアント馬場の顔に泥を塗っちゃいけないという気持ちで、リングに上がってましたね。

藤原　うん。あの頃の気持ちがあったから、今も尊敬してるんだと思う。

天龍　俺だって酒を飲んだら馬場さんの悪口を言うかもしれないし、藤原さんだって飲んだらいろんなことが出てくる。でも、それは気心が知れているからであって、馬場さんの悪口を言えるのは俺しかいないと思ってるし、そこは容赦してほしいと思ってますよね。他のヤツが言ったら、「お前に何がわかるんだよ！」って、ことさらに思う俺たちだから。

藤原　プロレスラー流の愛だよね。だから前田日明も、アントニオ猪木のことをあれだけボロクソに言いながら、よそのヤツが猪木さんのことをなんか言うと、「お前に何がわかるんや！」って怒るんですよ（笑）。

天龍 ああ、そう！　あの前田日明が（笑）。

藤原 あいつ、そうなんですよ。ボロクソ言ってても憎くて言ってるわけじゃなくて、心の底で信頼関係や、愛みたいなものがあるんです。

天龍 前田選手が「お前にアントニオ猪木の何がわかる！」って言うのは、最高にいい一言だね。俺も全日本うんぬん、馬場さんうんぬんを言われると、「何言ってるんだ！」って思うもん。

オカダ・カズチカは〝ちょこざい〟

――天龍さんがオカダ・カズチカ選手の発言に噛みついたのも、根本はそこですね。

天龍 あれは俺たちが生きてきたプロレスのことを否定されたようなもんだからね。たしかにこの歳になったら、勝てるかどうかはわからないけど、とりあえず「ボコッてやる！」っていう気持ちだけは持ってますよ！

藤原 えっ、オカダって選手がなんか言ったの？

――オカダ選手が昨年（14年）、猪木さん、ジャンボ鶴田さん、天龍さん以来の2年連続「プロレス大賞」MVPを獲得したんですけど、その時、「猪木選手、鶴田選手、天龍選手は、俺と同じ時代じゃなくてよかったですね。同じ時代なら、そんな記録はできてないと思うので」っていうコメントを出したんですよ。

藤原　（顔色が変わって）なにぃ〜〜〜〜い!?

天龍　そんなことに、いちいち反応しなけりゃいいんでしょうけど、あんなアンチャンに言われて、すごくカチンときたんですよ。

藤原　最後なんだから、やっちまえばいいよ！

――藤原さんもカチンときましたか？（笑）。

藤原　そんなこと言われて黙ってられねえだろ。あのガキが！（吐き捨てるように）。

天龍　なんであんなこと言われて、他の人は反応しないんだって。逆に、何も言わないで黙ってる人にも俺は腹が立ったんだよね。

――では、そこまで言うなら、11・15両国で勝負してやる、と。

天龍　まあ、新日本次第ですけどね。もしやったら、サッカーボールキックで血祭りをかましますよ。

藤原　ちょっと、それ俺も混ぜてくださいよ！

――俺にもやらせろ、と（笑）。関節技でヒーヒー言わせますか？

藤原　関節技なんていらねえよ。首絞めて、参ったとも言わせない。ちょこざいな！

天龍　俺はね、相撲から来た力道山関が、アメリカと日本のいい部分を合わせて作り上げたものが日本のプロレスだと思うから。ホントにうまくできてるなと思うんだけど、それを今のヤツらが壊し始めてるから、「違うんじゃないの？」ってことが多いし。俺は最後まで、俺のプロレスを目一杯やってやりますよ。

――いや〜、両国の引退試合がホントに楽しみですね。では最後に藤原さんから、そんな天龍さんに贈る言葉を。

藤原 ホントにやめんの？ 昭和のプロレスラーがいなくなっちゃう気がして、ホントに寂しくなっちまうよ。まあ、俺の最期だって近いけどね（笑）。

天龍 でも、藤原さんは病（胃がん）を克服されて、プロレスがやれるっていう光明を見つけたから、逆にまだまだ頑張ってほしいと思いますね。プロレスラーの陰と陽を体感した藤原さんだからこそ、これからもやってほしいと思いますよ。

藤原 そんなこと言われると、泣きそうになっちまうよ。でも、（山本）小鉄さんも死んだし、（星野）勘太郎さんも死んだし、次は順番からして俺らの番で、それはいいんだけど。プロレスラーっていうのは、世間の人たちに元気を発信する仕事だから、俺は体が続くかぎり、頑張っていこうと思う。

天龍 俺もケガして手術して動けなくなって、自分自身、歯がゆい思いがあるんですよ。ファンにも「なんだ天龍」って言われたけど、俺はね、昔の元気な天龍も、年取ってケガからカムバックしてこれだけしか動けない天龍も、全部見てくれよっていう感じですよ。言葉として悪いけど、天龍源一郎のケツの毛まで見ていってくれって。それでいいと思ってるからね。

藤原 天龍さん、やっぱりあんた、カッコよかったよ。

※本対談の初出は2015年8月27日発売の『ゴング7号』（Town Mook／アイビーレコード）です。

藤原vs天龍、初対戦の何年も前から二人は路上の〝頭突き合戦〟で対決済

藤原と天龍源一郎の一騎打ちが、東京ドームで計画されたことがあった。船木誠勝vsモーリス・スミスが行われた藤原組主催による「STACK OF ARMS」でのことである（1992年10月4日）。同大会は、招待券がバラ撒かれるなど観客動員が不安視されており、藤原vs天龍はそんな状況で立案された、集客を期待できるカードだった。

当時の天龍は、大企業のメガネスーパーが母体となった団体のSWSが分裂し、自らの団体、WARを立ち上げ、新日本プロレスとの対抗戦に向け動き出したばかり。引き続き、メガネスーパーの金銭的援助を受けていた。また、藤原組も旗揚げ時からメガネスーパーの資金供与を受けていた。いわば親会社が同じなわけで、藤原vs天龍の実現は確実視されていた。ところが、メガネスーパーの田中八郎社長（当時）が電話で天龍に藤原戦を打診したところ、天龍は固辞した。実は天龍は、翌93年の1月4日に新日本の東京ドーム大会に出場することが内定していた。その大一番の前に別の東京ドーム大会に出ることは、新日本への恩義に反すると天龍は判断したのだった。

「なら、WARへの資金供与は打ち切りますが、いいですか？」（田中社長）
「やむをえません」（天龍）
藤原vs天龍は、この5年後にWARのリングで実現するが（97年11月24日、横浜文化体育館）、90年代前半のこの時期に東京ドームで実現していれば、俄然、そのインパクトは絶大だっただろう。

頭突き、相撲、関節技合戦で大暴れ

とはいえ、路上での対決の話をすれば、すでに藤原と天龍は何度も激突していた。87年に銀座で偶然出くわしてから飲み友達となり（諸説あり）、その日の酒宴でさっそく二人は酩酊し、店外で頭突きや相撲合戦を繰り広げたという。きわめつきは赤坂の地下にあったショーパブでの出来事。二人で騒いでいると、他の客から苦情が入り、店長によって一階まで追い出された。そこで天龍が藤原に、「俺の腕を極めてみろ！」と挑発。すぐに関節技合戦が始まり、もみ合っているうちに二人は階段を転げ落ち、再び地下に。ショーパブの前で揉み合いを続けドアに大激突した。すぐさま店長が出て来て言った。

「もう！　帰ってください！」

やはり、リングの上で闘ったほうがいい二人だった。

第4章

10年間の〝鞄持ち〟で熟知した 猪木の優しさと命がけの闘いへの姿勢

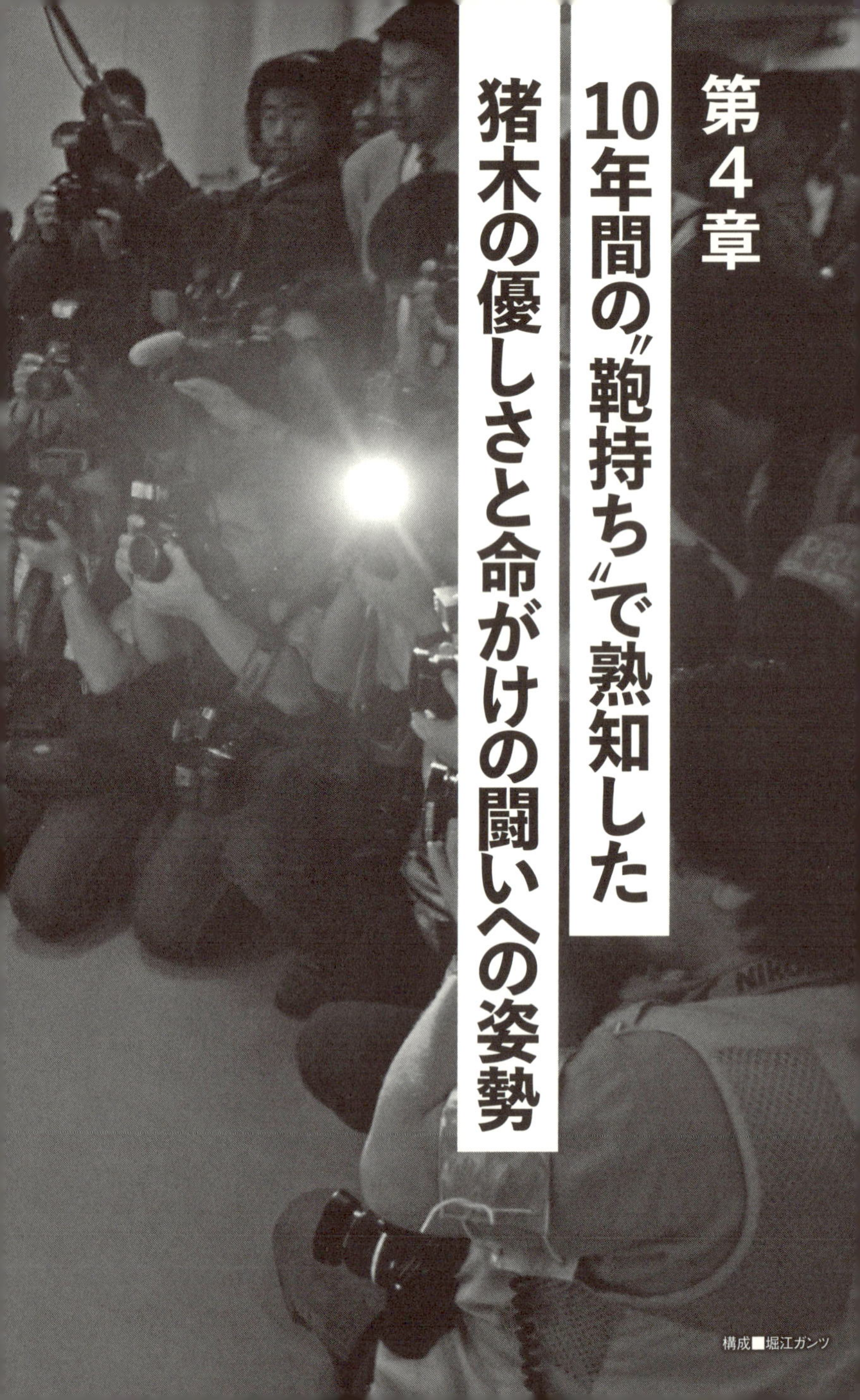

構成■堀江ガンツ

95年3月19日、愛知県体育館で行われた「INOKI FINAL COUNT DOWN 4th」猪木vs藤原戦後、会見に臨む二人

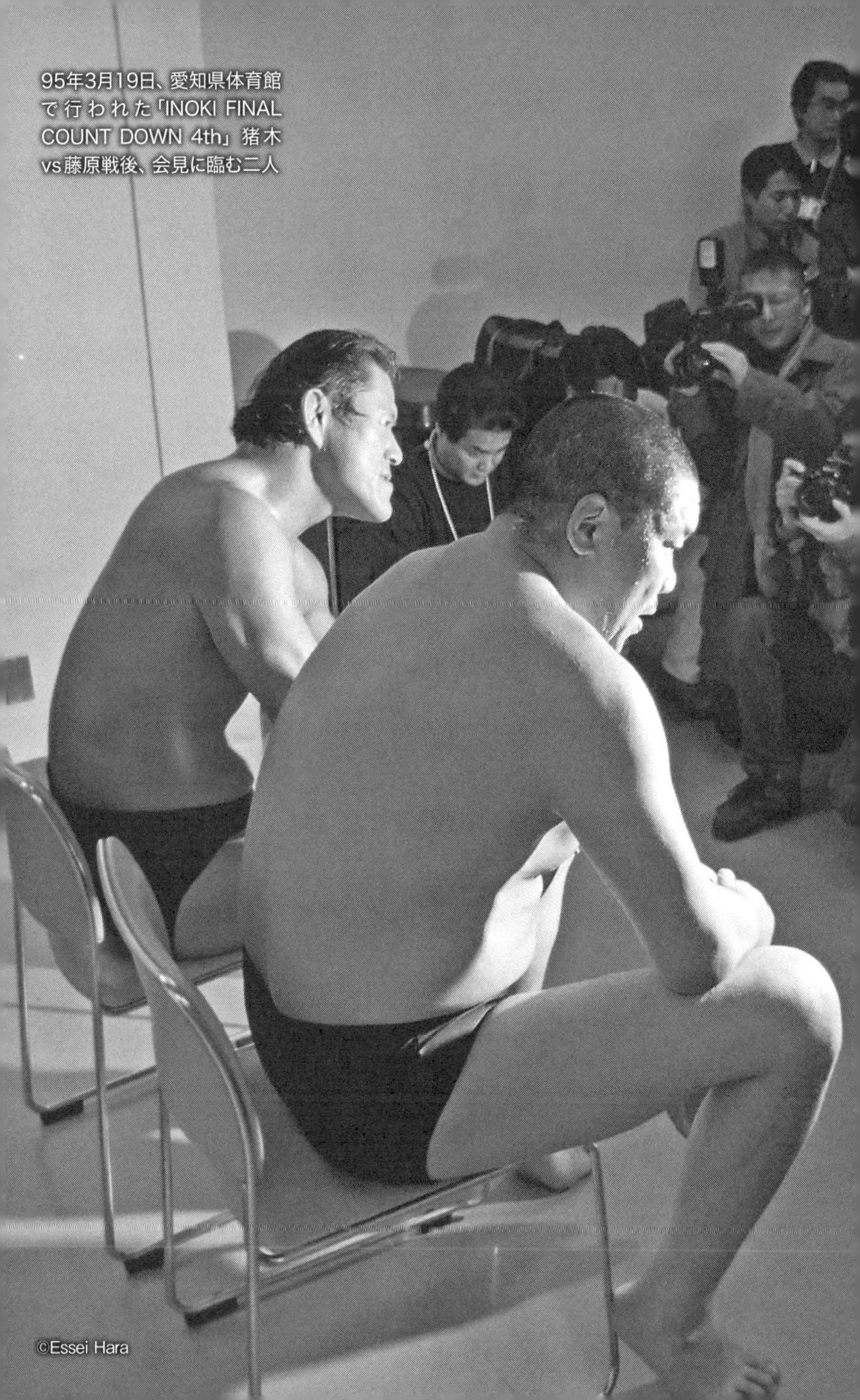

キャデラックと倍賞美津子とすき焼きパーティ

俺は25歳から35歳までの10年間、猪木さんの鞄持ちをやらせていただいて、生活のすべてを捧げた。この10年間は、本当にいい経験をさせてもらったよ。

それまでは新日本プロレスに入門してから約2年間、山本小鉄さんの鞄持ちをやらせてもらっていたんだけど、ある日突然、小鉄さんから「おい、お前。今日から猪木さんにつけ」って言われてつかせていただくことになったんだ。「光栄だ」なんて思う余裕はなかった。「これは大事件だ」と思ってさ。いつずらかろうかと考えるぐらいだったよ。

俺は岩手の田舎育ちで、家の周りは田んぼだらけ。人間より牛とか馬の数のほうが多いようなところで育ったから、人と話すとかそういう訓練ができてねえんだよ。それが〝神様〟の鞄持ちなんて務まるのかどうか。猪木さんがお付き合いする人というのは企業の社長だとか、一流の人たちばかりだから、失礼があっちゃいけないしな。とにかく一生懸命やらせていただくしかなかった。

鞄持ちになって初日のことは今でもよく覚えているよ。猪木さんの運転するキャデラックに乗せられて、俺は後部座席に座っててさ。緊張して何もしゃべれないんだよ。そしたら猪木さんが「なんだコイツ、寝てるのか？」と思ったんだろうな。何度か後ろを振り向いてたよ。同じ団体とはいえ雲の上の人だから、当時はまともにしゃべれなかったんだ。まあ晩年は、猪木さんと一緒に酒を飲ませていただいて、チンコの話をしたりするようになったけどな（笑）。

話を戻すと、猪木さんの車に乗せられて「どこに行くんだろう？」と思ったら、倍賞美津子さんの実家だったんだ。2棟ある大きな家でな。その駐車場で開いた家族のすき焼きパーティに俺を招いてくれたんだよ。隣に倍賞千恵子さんがいて、「藤原さん、お肉食べる？　お肉と野菜と……はい、どうぞ」なんてよそってもらったりして。こんな家族のプライベートなすき焼きパーティに付き人を連れてくる必要なんかないのに、猪木さんはそういう優しいところがあるんだよ。

あのキャデラックにはいろいろ思い出があるな。猪木さんはいちレスラーではなくて新日本の社長として事務仕事をやって、プロモーター業もやって忙しいから、練習に来るのはいつもたいてい深夜なんだ。それもいきなり来るから、夜はみんな寮でリラックスしているけど、俺だけはピリピリしていたな。猪木さんが来たらすぐに練習できるように、練習着なんかも準備してね。

そして猪木さんが来るのはキャデラックのエンジン音でわかる。茶色ででっかいキャデラックに乗ってたな。新日本道場の前の道っていうのはすごく狭いんだよ。しかも住宅地で入り組んでて、角にはコンクリートの柱が立っていたんだけど、一度、猪木さんはその柱にぶつけたままハンドルを切ってバリバリバリバリバリッて車体を傷つけたことがあった。あれは修理代が大変だっただろうな（笑）。昔のキャデラックだから、今では信じられないくらいでかい車でな。道場の前の道は狭いんだから、もうちょっと小さめの車にすりゃあいいと思ったんだけど、あの大きなキャデラックに乗ってる猪木さんが、みんなの憧れの的だったんだよ。

スパーリングなんてセックスみたいなもん

俺は猪木さんのトレーニングパートナーをやってたんだけど、あれってなかなか大変なんだよ。自分の練習ではなく、あくまで猪木さんのための練習だからな。寝技のスパーリングにしても、やり合いながらも「どっちが取るか」という練習じゃなくて、猪木さんが攻めたり守ったりするための動きが求められる。スパーリングっていうのはコンディションの調整でもあるからな。

もし他人が見ている前でのスパーリングでギブアップを取っちゃったりしたら失礼だし、あの人から取ったりしたら何をされるかわからない（笑）。いざとなったら、目ん玉の中に指を入れたりするんだから。かといって、わざと取らせたりすると、「お前、今わざと極めさせただろ！コノヤロー！」ってぶん殴られるわけだよ。俺はどうすりゃいいんだい？（笑）。でも、ずっとスパーリングをやっていると、どんな動きをすればいいかわかってくる。猪木さんも言ってたけど、スパーリングなんてセックスみたいなもんでな。裸と裸で取っ組み合ってるわけだから、長くやってると信頼関係みたいなのができてくるんだよ。相手のツボがわかるというか。相手の性感帯がわかるみたいなね（笑）。人柄までわかるようになるからな。

あくまで猪木さんの練習であり、俺の練習ではないと言ったけど、ちゃんと頭で考えてやれば、自分のためにもなる。格闘技っていうのは相手の心理を読むのが大事だけど、その格好の訓練にもなったな。

俺は猪木さんの弟子だけど、べつに猪木さんから手取り足取り技術を教わったわけじゃない。猪木さんは俺のコーチじゃないからな。自分から見て触れて、猪木さんから学び取るんだ。そもそも猪木さんは本能で闘っていたようなところがあったから。ブラジルで生きるか死ぬかの生活をしてきた経験からか、闘いに対してもそういった覚悟が感じられたし、動きも頭で考えるのではなくて動物的本能で動いているような感じに見えた。

だから俺は37歳の時に関節技の技術書を出させてもらったけど、猪木さんが書いたプロレスの技術書っていうのは存在しないんだ。「こういう体勢になったときは、本能で極めろ」じゃ、読んだ人はなんだかわからないからな（笑）。プロ野球の長嶋茂雄さんも猪木さんみたいなタイプじゃないのかな。長嶋さんもあれだけ素晴らしい成績を残した人だけど、どうして打てるのかは感覚的なもので、人に教えられるようなものじゃなかった気がするんだよ。猪木さんも同じような感じで、要は天才だっていうことだよな。

イワン・ゴメスから盗んだヒールホールド

俺は猪木さんの鞄持ちとして海外のいろんな国にもついて行ったけど、国によっては付き人のような徒弟制度を理解しないところもあってな。「お前はスレイブ（奴隷）か？」なんて言われたこともあったよ。面倒くさいからべつに言い返さなかったけどさ。

日本に来る外国人でもその辺を勘違いするヤツがひとりいた。ブラジルから来たイワン・ゴメスだよ。俺はあいつが外国からたったひとりで日本に来て、いろいろ困っているだろうと思って会社の車を運転して役所につれて行ってやったり、「手紙を出したい」と言えば郵便局につれて行ってやったりしたんだよ。俺は親切心でやってやったんだけど、アイツは俺が猪木さんの鞄持ちをやっているのを見て、そういう召使いや奴隷みたいな立場の人間だと勘違いしやがって、偉そうな口をきくようになったんだ。あの時は、「てめー、この野郎！　刺し殺したろか！」と思ってな。それから関係がおかしくなったんだよ。

そもそもあいつは道場の中で浮いてたし、もっといえば嫌ってたヤツもいたんだよ。新日本がブラジル遠征をした際、俺たちの神様である猪木さんに挑戦してきたヤツだからな。あいつはモハメド・アリにも挑戦しようとしたらしいけど、猪木さんにしろアリにしろ、挑戦を受けるメリットが何もないじゃねえか。ゴメスと対戦したところでお客は入りそうもないし、万が一、ケガでもしたら丸損だろ。そんな無駄な危険は冒さないよ。「お前なんか100年早えよ！」ってことだ。

でも、猪木さんはブラジルの「バリツーズ」（バーリ・トゥード）という未知の格闘技が新日本のプロレスにも何か役立つものがあると思ったんだろう。ゴメスをプロレス留学生として道場で受け入れたんだ。それで俺も何か盗むものがあるかと思って、よくスパーリングをやったよ。ゴメスは関節技に関してはそんなうまくなかったよ。首絞めばっかりやってきてな。首絞めもわかっていれば防御できるようになるから、なかなか絞められねえよ。ただ、ヒールホールドっていう、当時の俺たちが知らない技を使っていたから、それは俺がゴメスから盗んだんだ。ゴメスが使っていたのは外側からヒールをフックする形だったけれど、俺流に改良して内側からも極められるようにしてな。

だから俺はゴメスとけっこう仲がいいほうだったんだよ。あいつが偉そうなことを言ってくるまではな。お互いカタコトの英語でしゃべったり、ポルトガル語も教わったよ。「シュパンデノッセエタ」とかな。意味は「オマンコをなめる」。セックスの話題は世界共通だからな（笑）。

ゴメスとは試合も何度かやったよ。アイツの相手をするのは、たいてい俺か荒川さん、あと大城大五郎さんだった。みんな頑丈なヤツらばかりだよ。ゴメスはプロレスが下手でムチャするから、壊されないような人間を選んだんだろう。

ゴメスは新日本で85勝無敗だかの戦績が残ってるらしいけど、ハッキリ言えば負けてやったんだよ。あいつが日本に来て初めて試合をした時の相手は俺だからね。試合前、猪木さんから「花を持たせてやれ」というような意味合いのことをチラッと言われたから、試合中のいいタイミングでそうしてやろうとしたんだよ。ところがアイツがテンパっちゃってな、何がなんだかわからなくなったんだ。

でも、俺は冷静だからうまいこと試合をそのまま続けて、最終的にはしっかりと終わらせたんだよ。ところが控室に帰ったら猪木さんに、「おい！　そんなに勝ちたいんだったらアマチュアでオリンピックにでも行け！」って叱られたんだ。俺が意地を張って負けないようにしたと勘違いしたみたいなんだよ。だから俺が「いや、自分はこうやったんですけど、アイツがテンパっちゃってこうなったんです」と説明したら、猪木さんも「ああ、そうだったのか」と納得してくれてね。つまりどういうことかというと、プロ中のプロであるアントニオ猪木が観てもリアルな闘いに見えたってことだよ。自分で言うのもなんだけど、俺がそういう試合をしたんだ。そういうことがあったからか、晩年、猪木さんは俺に対して「お前は天才だよ」って言ってくれたのかもしれないな。

ルスカとの友情

猪木さんは一連の異種格闘技戦などで、どんな未知の格闘家が相手でもちゃんと試合を成立させてきた。知らない相手、ましてや何をしてくるかわからない相手とやるというのは怖いもんだよ。その究極がパキスタンでのアクラム・ペールワン戦（1976年12月12日、カラチ・ナショナルスタジアム）なんかだけどな。

俺は猪木さんのそういう闘い、プロとしての姿勢を長年間近で見てきたから、自分も相手がゴメスであろうが誰であろうが、しっかりとした試合を見せることを心がけてきた。だからウィレム・ルスカが新日本に参戦してきた時、いちばん多く対戦したのは俺じゃねえかな？　ルスカが猪木さんとやる前に、新日本側からスパーリングの相手をしたのも俺だったしね。

ルスカは不器用だったんだよな。柔道のオリンピック金メダリストだからもちろん柔道は強いし力も強い。走るのも速ければサッカーや水泳なんかやらせてもうまかったんだけど、プロレスだけが下手だったんだよ。ルスカのパンチなんて、お客さんから見ると「あんなパンチ、効かないだろ」と思うような不恰好なパンチなんだけど、やられたほうはメチャクチャ痛いんだ。そりゃみんなも嫌がるわな（笑）。

かと思えば、変に力をセーブしているところもあった。俺はルスカに言ったことがあるんだよ。「お前、柔道金メダリストじゃねえか。プロレスの試合でも柔道の技でポンポン投げろよ。きれいに投げられるんだから」ってね。そしたらルスカが、「いや、投げると他のヤツらが文句を言うんだよ。それに相手を壊してしまうかもしれない」って言うから、「そりゃプロなんだから壊されるのを覚悟でやらないとギャラはもらえないだろ。俺には遠慮なくやってきてくれ」と言ったんだ。そしたらアイツは俺のことを信頼してくれたんじゃないかな。のちにヨーロッパに行った時、ルスカがものすごく面倒を見てくれたからね。

それからずいぶんあとになって、猪木さんの引退カウントダウンの時、またルスカが猪木さんとやったんだよな（94年9月23日、横浜アリーナ）。その時、ルスカの控室に行ったら、「オー、ノジワラ！」って喜んでくれてね。自分のブロマイドとかを鞄から出してきて、プレゼントしてくれたんだ。プロレスラーとか格闘家っていうのは不思議なもんでね、思いっ切り闘ったヤツとは友情が芽生えることがあるんだよ。猪木さんとアリだって最後は友情で結ばれていただろう。お互い、ひょっとしたら殺されるかもしれないと思うような試合を闘いながらも友情が生まれるんだ。一般の人には理解できないかもしれないけどな。ルスカも亡くなってしまったけど、俺は今でも友達だと思っているよ。

95年12月30日、大阪城ホールで行われた猪木＆髙田延彦vs藤原＆山崎一夫

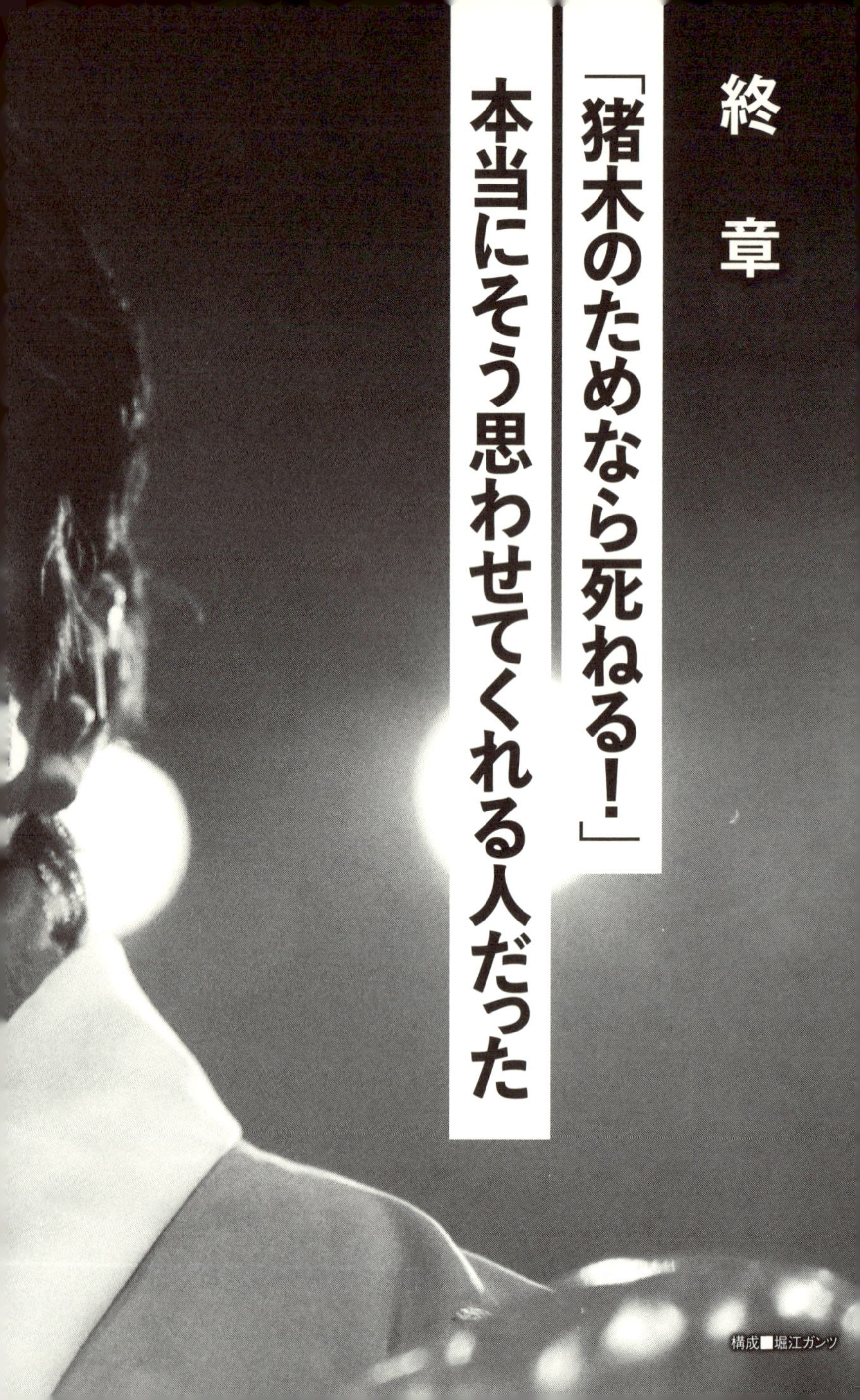

終章

「猪木のためなら死ねる！」本当にそう思わせてくれる人だった

構成■堀江ガンツ

95年3月19日、「INOKI FINAL COUNT DOWN 4th」での猪木
（愛知県体育館）

アリ戦後、猪木さんは控室で泣いた

今、あらためて振り返ってみると、猪木さんはプロレスラーとして本当に素晴らしい人だったよ。「プロレスは闘いである」という猪木さんが死ぬまで言い続けた言葉もまったくそのとおりだと思う。昔の新日本プロレスのレスラーたちは、そんな猪木さんのプロレスに対する姿勢に共鳴し、賛同し、また尊敬していたからこそ、あれだけの熱を生み出せたんじゃないかな。

昨年（2024年）、『猪木のためなら死ねる！』っていうとんでもないタイトルの本が出たけど、本当にそう思わせてくれる人だったんだよ。俺も含めて、みんな純粋だったな。佐山なんかもそういうタイプだったから、若い頃、猪木さんに何かあったら命を張ってたような気がする。荒川さんも「猪木さんのためなら命を張る」というようなことを言っていたことがあるけど、あの人はうまいこと生き延びそうな気がするな（笑）。前田は俺らとはちょっと違うけどあいつも純粋で、猪木さんも前田をかわいがっていたよ。

昔、猪木さんが写真週刊誌に撮られたことがあって、相当頭にきたんだろうな、バキュームカーを手配して出版社に横づけしてクソをぶっかけようとしたことがあったんだよ。すげえことを考えるよな。その時、「私が行きましょうか？ 懲役が半年くらいだったら行ってきますよ。半年以上はちょっと嫌ですけど」って言ったら、猪木さんはなんと言ったと思う？「ありがとう。

でも行かなくていいぞ」だった。まあ、鞄持ちをやっていた頃、猪木さんの盾になろうと思っていたのは本気だったよ。

猪木さん自身が命懸けでプロレスの地位を向上させるために闘っていたからね。だから俺が観てきた猪木さんの最高の試合はアリ戦だよ。プロレス史上、あとにも先にもあれ以上の緊張感がある試合はないだろう。あんな最高の試合を一度観たら、もう他の試合は観られなくなるよ。

俺はあの試合、セコンドとしてリングサイドのいちばん近くから観ていたんだ。猪木さんはいいコンディションをしていたよ。あの極限の緊張感のなか、3分15ラウンドを闘い抜いたんだからたいしたもんだよ。当時、あの試合についてボロクソに言うヤツがたくさんいたけど、そいつらは何もわかっちゃいない。猪木さんはアリを倒すために、最後の最後まで必死に闘っていた。心から勝ちたいと思っていたからこそ、ああいった闘いになったんだよ。

試合後、控室をシャットアウトにして俺と猪木さんだけになった時間があった。猪木さんは黙って下を向いてたよ。最後のほうでは泣いていたな。俺もどうやって慰めていいかわからないから、少し離れたところで直立不動で立っているだけだった。もうあれから49年も経ったのか。間違いなくあれは、生きるか死ぬかの闘いだったよ。

「心臓が止まるまで」が俺の現役

俺は今75歳で、キャリアは52年になった。自分のベストバウトなんて聞かれても一つを挙げることはできない。プロレスラーにとって試合に出るのは毎日の仕事。「今日はいい仕事をしたなー」なんて思える日はたまにしかないし、しょっちゅうそう思っているヤツにはろくなのがいない。

本当に満足のいく仕事なんて、一生のうち一つか二つだよ。そのうちの一つをあえて挙げるとすれば、第一次UWFでやった佐山（スーパー・タイガー）との試合かもしれない。あの試合は、猪木さんの「プロレスは闘いである」という考えを、俺と佐山が形にした作品だったんじゃないかな。

この歳までリングに上がっていると「いつまで現役を続けるんですか？」なんて聞かれることがあるけど、余計なお世話だ。心臓が止まるまでだよ。プロレスって人生そのものなんだよね。若くてハチャメチャな時も面白いし、円熟期も面白い。年を取って力が落ちてきても一生懸命やってる姿が誰かの励みになったり、死んでから伝説になる人もいる。生き様を見せていけば、その年代その年代で何か観客の心に訴えるものが見せられるんだ。ゴッチさんが「誰でも歳は取る。だが、必ずしも年寄りになる必要はない」って言っていたけど、いい言葉だよな。俺もその言葉を胸に日々を生きているよ。

猪木さんが亡くなる前、闘病中でもずっとユーチューブ配信をしていたのもプロレスラーの生き様を見せてくれていたんだと思うよ。猪木さんに付いていた人に話を聞くと、配信が始まるまではぐったりしていても、カメラを向けられた瞬間シャキッとして、「元気ですか――ッ！」と精一杯の声で叫んでいたらしい。プロレスラーってそういうものなんだよ。リングに上がったり、お客さんの目があると、スーパーマンになれるんだ。

マサ斎藤さんが晩年、パーキンソン病で車イス生活になった状態で試合会場に行って、リング上で海賊男に扮した武藤敬司に襲われた時、自分ひとりで立ち上がって、武藤をチョップで倒してストンピングまでやったんだよ。本来、ひとりで立ち上がることなんかできないはずなのに、リングに上がって観客に応援されたら闘えるんだよ。みんな「不思議だ。あんな動きができるはずがない」と言ってたらしいけれど、リング上で不可能を可能にするのがプロレスラーなんだよ。

俺と猪木さんのチンコは〝いい勝負〟だったよ（笑）

猪木さんも死ぬまでプロレスラーの生き様を見せてくれた。スーパースターっていうのは大変で、人の目があるところではずっと〝アントニオ猪木〟でいなければいけなかった。それはアミロイドーシスの闘病中でも一緒なんだ。でも、たまに〝猪木寛至〟に戻りたかったんじゃないかと思う。だから気をつかわなくていい俺に電話をして、「おい、六本木まで来いよ」と誘ってくれたんだ。

猪木さんはよく、親しい人に俺を紹介する時、「こいつは若い頃、付き人としていつも風呂場で背中を流してくれてね。毎日、俺のチンコを見ていたんだ」という笑い話をしていた。そこで「俺のチンコを見て、どう思った?」と聞かれて、普通の答えじゃつまらないから「〝勝ったー!〟と思いました」って答えると、猪木さんが「この野郎……」みたいな顔をする。

そんなやりとりをしていたことは前作でも話したけど、どっちのチンコが勝っていたかといえば、いい勝負だったよ(笑)。負けたとはいいたくないけど、もう確かめることはできないからな。ついに猪木さんに勝つことはできなかった。一生、何ひとつあの人は超えられない、俺の永遠の師匠なんだ。

95年3月19日、「INOKI FINAL COUNT DOWN 4th」猪木vs藤原戦後、お互いを称え合う二人(愛知県体育館)

「猪木のためなら死ねる！」藤原喜明 年表

1949年

4月29日　岩手県江釣子村（現・北上市）に長男として生まれる。実家は農家（閑職期に父が鳶職）。弟3人、妹2人の6人兄弟だった。

1961年

3月　江釣子第二小学校卒業。小学校時代に柔道を経験。

1965年

3月　江釣子中学校卒業。剣道部に所属。

1968年

3月　岩手県立黒沢尻工業高等学校機械科卒業。のちの関節技の理解に役立つ応用力学を学んだ。

4月　埼玉県川越市の小松インターナショナル製造に行員として入社。ウェートトレーニング部を自らつくり、鍛錬した。

1970年

先輩に誘われる形で小松インターナショナル製造を退職し、横浜を中心に料理人として働く。通っていたスカイジム会長の金子武雄にプロレス入りを勧められる。

1972年

11月2日 新日本プロレス入門。
11月12日 入門わずか10日でデビュー。○藤波辰巳(逆片エビ固め)藤原喜明● ◇和歌山・白浜町坂田会館 ◆新日本プロレス

1974年

1月11日 テレビ(『ワールドプロレスリング』)初登場。藤波、永源遙、大城大五郎と組み、超巨漢コンビのマクガイヤー・ブラザーズと戦うハンディキャップマッチ要員の一人だった。 ◇山口・徳山市体育館 ◆新日本プロレス

1975年

12月7日 第2回カール・ゴッチ杯で木村聖裔(のちの健悟)をパイルドライバーで下し優勝。 ◇愛知・刈谷市体育館 ◆新日本プロレス

1976年

1月4日 「東京スポーツ制定'75プロレス大賞授賞式」がプロレスファン1500人が見守るなか後楽園ホールで行われ、藤原は努力賞を受賞した。 ◇後楽園ホール ◆東京スポーツ
6月 同月26日のモハメッド・アリ戦に向け6月1日の試合を最後に特訓に入ったアントニオ猪木のスパーリングパートナーを務める。◇(主に)新日本プロレス道場 ◆新日本プロレス
12月12日 パキスタンにて、現地の英雄アクラム・ペールワンと異種格闘技戦を行う猪木に同行。〝弾よけ〟(本人談)の役割もあったという。 ◇パキスタン・カラチ・ナショナルスタジアム

1979年

8月26日 東京スポーツ創立20周年記念「夢のオールスター戦」第3試合に出場。試合後は、「カッコいいレスリングより、俺は勝負のレスリングをする」と、らしいコメントを残した。○阿修羅・原&佐藤昭夫&木村健悟(回転エビ固め)永源遥&藤原&寺西勇● ◇日本武道館 ◆東京スポーツ

1980年

1～6月　「頑張ってるから、なんでも褒美をやる」という猪木や新日本上層部の声に甘え、「ゴッチ道場での修行」を希望。約半年間、フロリダ州タンパにあるカール・ゴッチの道場で学ぶ。

1982年

1月1日　師匠のゴッチがエキシビジョンマッチをするにあたり、対戦相手を務める。57歳のゴッチのジャーマンに沈んだ。　◇後楽園ホール　◆新日本プロレス

1983年

3月23日　2日前、藤原が万年前座であることを揶揄したキラー・カーンの入場時に藤原がリングへの鉄階段を逆に設置したことで、軋轢が発生し、一騎打ちに。藤原の反則勝ちで、カーンをセメントで圧倒したという説がある。　◇山口県立体育館　◆新日本プロレス

9月16日　『ワールドプロレスリング』の生中継のセミファイナルに登場。○ディック・マードック&バッドニュース・アレン(体固め)木村健悟&藤原●　◇埼玉・吉川町体育館　◆新日本プロレス

9月28日　テレビ朝日『輝け！オールスター秋の番組対抗ウルトラ料理大賞』に『ワールドプロレスリング』の一員として、坂口征二、藤波、前田日明、木村健悟らと出演。料理の腕に不安が残る面々を尻目に、フルーツをきれいに刻むなど、巧みな技を見せた。　◆テレビ朝日

1984年

2月3日　第7試合の藤波とのタイトルマッチに臨む長州力を入場時に襲撃し、試合を不成立に。「雪の札幌テロ事件」として知られる。藤原はこの日の第4試合のタッグマッチで長州と同じ維新軍のメンバーに大流血させられていた。○アニマル浜口&谷津嘉章(体固め)木戸修&藤原●　◇札幌中島体育センター　◆新日本プロレス

2月7日　この日の蔵前国技館大会で、藤原vs浜口が当日発表され、会場は大歓声に包まれた。○藤原(反則)浜口●　◇蔵前国技館　◆新日本プロレス

3月2日　長州との一騎打ちが唐突に組まれるも無効試合。皮肉にもこの日のシリーズ開幕戦で、前田とラッシャー木村が謎の欠場(のちにUWFに移籍)をしたことで生まれた副産物だった。　◇神奈川・綾瀬市立体育館　◆新日本プロレス

3月9日　メインイベントで初めて猪木と純粋なタッグを結成。○猪木&藤原(反則)長州●&浜口。　◇茨城・古河市民体育館　◆新日本プロ

レス

3月21日 大阪城ホールのプロレスこけら落しの大会で長州との一騎打ちが実現するも、長州のラリアットに完敗。この時期の藤原はパウダー攻撃やロープでの首締めなど、反則攻撃が目立った。○長州(体固め)藤原● ◇大阪城ホール ◆新日本プロレス

3月30日 藤原が「個人としてUWFに乗り込み、前田の野郎をぶっ倒す！」と宣言。 ◇後楽園ホール ◆新日本プロレス

4月17日 第一次UWFの旗揚げシリーズに乗り込み、前田と一騎打ち。両者フェンスアウトの末、延長戦が行われ、両者カウントアウト(KO)の引き分け。 ◇蔵前国技館 ◆第一次UWF

4月19日 新日本正規軍(猪木&藤原&木村健悟&高田伸彦&藤波)vs維新軍(長州&浜口&谷津嘉章&寺西勇&小林邦昭)の5vs5勝ち抜き戦が行われ、藤原は副将で同じく副将の浜口と両者リングアウトの痛み分け。猪木vs長州の純然たる大将戦へと繋ぐ仕事人ぶりを見せつけた。 ◇蔵前国技館 ◆新日本プロレス

6月27日 高田とともに、第一次UWFへの移籍を発表。翌日には初代タイガーマスク(佐山聡)の参戦も発表された。 ◇東京・九段グランドパレス ◆第一次UWF

7月23日 「UWF無限大記念日」大会が開催。UWFスタイルが産声をあげることになった。前田&○藤原(原爆固め)ザ・タイガー(佐山)&高田● ◇後楽園ホール ◆第一次UWF

9月7日 初代タイガーマスク改め、スーパー・タイガー(ザ・タイガーより改名)と「UWF実力ナンバー1決定戦」として一騎打ちも、チキンウィングフェースロックに敗退。タイガーは4日後に前田も下し、UWF実力ナンバー1に。 ◇後楽園ホール ◆第一次UWF

10月26日 10月19日にUWFの浦田昇社長が強要罪で逮捕され、この日、藤原が社長代行に選出される(のちに浦田が復帰)。 ◇UWF事務所 ◆第一次UWF

12月5日 スーパー・タイガーと「ノーフォール・デスマッチ」で対決し、KO負け。過激化するスタイルに警鐘を鳴らす報道も。 ◇後楽園ホール ◆第一次UWF

1985年

1月16日 リーグ公式戦でタイガーと一騎打ちし、チキンウィングアームロックでタイガーの左腕を破壊し、レフェリーストップ勝ち。演出の一環とされるが、過激化は避けられなかった。 ◇大阪府臨海スポーツセンター ◆第一次UWF

7月25日 第1回UWF公式リーグ戦で優勝。○藤原(腕ひしぎ逆十字固め)木戸● ◇大田区体育館 ◆第一次UWF

9月11日 結果的にUWFの最終興行となったこの日の大会でメインを飾る。○藤原(ワキ固め)タイガー● ◇後楽園ホール ◆第一次UWF

12月6日 佐山を除いたUWF勢と新日本が業務提携することに。この日の両国大会メインの猪木&坂口vs藤波&木村健悟の試合前、前田、藤原、木戸、高田、山崎一夫の5人がリングに登場し、前田が代表挨拶をした。 ◇両国国技館 ◆新日本プロレス

1986年

2月5日　1月より新日本参戦となったUWF勢が猪木への挑戦権をかけ、同門内の2回総当たりリーグ戦を行った結果、前田と藤原が決勝で激突。両者リングアウト後の延長戦で藤原がレッグロックで勝利。猪木への挑戦権を得た。◇大阪城ホール　◆新日本プロレス

2月6日　UWF代表として猪木と対戦した藤原だが、裸絞めに完敗。猪木が関節技のポイントを試合中、藤原に指導したり、猪木の蹴りに金的疑惑が出るなどした。試合終了直後、試合内容に激昂した前田が猪木にハイキックを見舞う。◇両国国技館　◆新日本プロレス

6月12日　IWGP公式リーグ戦で猪木と5カ月ぶりに激突も、ジャーマンスープレックスにフォール負け。◇大阪城ホール　◆新日本プロレス

7月2日　早稲田大学で講義を行なっていた新日本のリングドクター、富家孝さんの肝入りで教壇に立つ。「ケガの防止策」について語った。◇早稲田大学

9月23日　海外武者修行に向かう山田恵一（のちの獣神サンダー・ライガー）の壮行試合の相手を、山田の熱望で務める。ワキ固めで勝利。◇後楽園ホール　◆新日本プロレス

10月27日　新日本所属時代以来、猪木と2年7カ月ぶりにタッグを結成。○猪木&藤原（体固め）スティーブ・ウィリアムス&バッドニュース・アレン●　藤原はつれない態度に終始したが、ファン投票の結果もあり、次期シリーズのタッグ戦には猪木と組んで出場することに。◇奈良県立橿原体育館　◆新日本プロレス

12月10日　「ジャパンカップ争奪タッグリーグ」公式戦にて、猪木&藤原vs前田&木戸が実現。猪木のタッチに応じぬ不穏な行動を藤原が見せ、前田が猪木にリングアウト勝ち。◇大阪城ホール　◆新日本プロレス

12月11日　前日と同一カードの「ジャパンカップ争奪タッグリーグ」決勝戦にて優勝。不穏な行動で沸かせた藤原だが、最後は前田の足を引っ張り猪木をサポート。○猪木&藤原（卍固め）前田&木戸●　◇両国国技館　◆新日本プロレス

1987年

2月3日　東京・上野の本牧亭にて浪曲「森の石松」を披露。超満員の観衆で埋まった。この頃、藤原はイラストの腕前など、才人ぶりも注目されつつあった。◇東京・本牧亭

4月27日　新日本からフェイドアウトの噂もあったディック・マードックと一騎打ち。ワキ固めの攻防で観客をうならせた。○マードック（反則）藤原●　◇両国国技館　◆新日本プロレス

5月30日　全日本プロレスとの提携をキャンセルし、この日から新日本のリングに復帰となった長州を入場時にパイプで襲撃し、試合を不成立に。「雪の札幌テロ事件」をリプライズさせた（試合はスーパー・ストロング・マシンが代打に）。○マサ斎藤&スーパー・ストロング・マシン（リングアウト）木村健悟●&ジョージ高野　◇鹿児島県立体育館　◆新日本プロレス

6月9日 因縁の長州と早くも一騎打ち。ワキ固めで追い込むも、ラリアットにKO負け。 ◇大阪城ホール ◆新日本プロレス
6月12日 第5回IWGPリーグ戦に優勝した猪木に長州が"世代闘争"を突きつけ、長州は藤波、前田、木村健悟らと結託。猪木は坂口、マサ斎藤、そして藤原を仲間に引き入れる形に。藤原は長州と2歳違いなだけに、旧世代入りにボヤキも。 ◇両国国技館 ◆新日本プロレス
8月28日 7月のジャッキー佐藤戦より雲隠れしていた神取しのぶが突如、UWF道場を訪れ、藤原とスパーリングしチューンナップ。一人は2月に専門誌の企画でスパーリングをしていた。 ◇UWF道場
8月29日 新日本と提携時代は「株式会社UWF」として存続していたUWFが主催興行を行う(本年2月28日に続き、2度目)。前田と藤原が一騎打ちをし、藤原がヒザ十字固めで勝利。 ◇後楽園ホール ◆株式会社UWF
9月1日 山崎とのコンビで前田&高田組を下し、IWGPタッグ王座を奪取。意外にもこれがプロレス人生初のベルトだった。藤原&○山崎(原爆固め)前田&高田● ◇福岡国際センター ◆新日本プロレス
9月7日 猪木と組み、藤波&前田と激突。世代闘争のただなかは、こういったカードが多々あった。藤波&○前田(エビ固め)猪木&藤原● ◇京都府立体育館 ◆新日本プロレス
11月9日 前年に引き続き猪木とのコンビで「ジャパンカップ争奪タッグリーグ」戦に参加予定だったが、ケンドー・ナガサキによる椅子攻撃で負傷し、猪木のパートナーはディック・マードックに。坂口&○藤原(反則)ナガサキ&ミスター・ポーゴ● ◇後楽園ホール ◆新日本プロレス
11月26日 11月19日、前田による顔面蹴撃で目を負傷しタッグリーグ戦を棄権した長州の代打に藤原が名乗りを上げ、マサ斎藤とタッグを結成。公式戦初戦に勝利した。マサ斎藤&○藤原(首固め)坂口&スコット・ホール● ◇鹿児島県立体育館 ◆新日本プロレス
12月7日 タッグリーグの決勝進出者決定戦まで歩を進めたが惜敗。○藤波&木村健悟(首固め)マサ&藤原● ◇大阪府立体育会館 ◆新日本プロレス

1988年

1月4日 「東京スポーツ制定'87プロレス大賞授賞式」で敢闘賞を受賞。 ◇銀座東急ホテル ◆東京スポーツ
4月2日 梶原一騎の追悼興行「格闘技の祭典」に緊急出場。負傷欠場となったロブ・カーマンの代打として、キックボクサー、イサマル・チャンガニーと初の異種格闘技戦に臨み、3分5R引き分け。 ◇両国国技館 ◆WKA世界空手道連盟
5月12日 前田、高田、山崎らが参加した新生UWFがこの日、旗揚げ戦。藤原はカール・ゴッチとともに客席で観戦した。 ◇後楽園ホール ◆新生UWF
7月29日 ドン・中矢・ニールセンとの異種格闘技戦に臨み、5RTKO負け。 ◇有明コロシアム ◆新日本プロレス
10月16日 引退も噂されていた猪木の「闘魂復活七番勝負」の第3戦の相手として一騎打ち。両者リングアウト後の延長戦でフォール負け。 ◇大阪府臨海スポーツセンター ◆新日本プロレス

1989年

3月16日 長州に一騎打ちで敗退後、出直しの第1試合に出続けていた猪木とシングル戦。○猪木(卍固め)藤原● ◇横浜文化体育館 ◆新日本プロレス

3月28日 新日本との契約更改の場で、退社を言明。 ◆新日本プロレス事務所 ◆新日本プロレス

5月4日 この日より、新生UWFに参戦。初戦はこれまた同団体での初戦となる船木優治(のちに誠勝)と対戦。いったん藤原の頭突きで反則裁定がなされるも試合は続行され、最後はヒザ十字固めで船木から勝利。自身の試合後、メインでクリス・ドールマンと闘う前田のセコンドについた。 ◇大阪球場 ◆新生UWF

8月13日 前田と闘いTKO負け。前田は藤原戦初勝利となった。 ◇横浜アリーナ ◆新生UWF

11月29日 UWF初の東京ドーム大会の軸として「6大異種格闘技戦」の一つを闘い、のちのリングスの主力となるディック・レオン・フライにスタンディング式アキレス腱固めで勝利。 ◇東京ドーム ◆新生UWF

1990年

1月4日 「東京スポーツ制定'89プロレス大賞授賞式」で技能賞を受賞。 ◇銀座東急ホテル ◆新生UWF

12月1日 この日の松本大会で、フロントとの軋轢により謹慎処分になっていた前田を、メインを務めた船木が呼び込み、選手が輪になりバンザイをしたが、藤原の姿はなかった。 ◇長野・松本運動公園総合体育館大会 ◆新生UWF

1991年

1月7日 UWFの再出発を図るための話し合いが決裂。UWFは3派に分裂するが、この場にも藤原はいなかった。 ◇前田日明自宅

2月4日 「新UWF藤原組」の設立を発表。メンバーは藤原、船木誠勝、鈴木みのる、冨宅祐輔。なお、団体名はほどなくして「PROFESSIONAL WRESTLING藤原組」と改称された。 ◇浅草ビューホテル ◆藤原組

2月7日 東京・足立区南花畑で道場開き。同地は長く藤原組の拠点であり続けた。 ◇藤原組道場 ◆藤原組

3月4日 後楽園ホールに2306人(札止め)の観衆を集め、藤原組が旗揚げ戦。メインで船木がバート・ベイルを下した他、全4試合が行われ、藤原は第2試合でジョニー・バレットをアキレス腱固めで下した。 ◇後楽園ホール ◆藤原組

4月1日 2日前の3月30日、SWSの東京ドーム大会に船木誠勝が出場したのに続き(腕ひしぎ逆十字固めで佐野直喜に勝利)、この日、藤原はSWSの新倉史祐と対戦し、脇固めで勝利。なお、鈴木みのるもSWS初登場しているが、アポロ菅原と噛み合わぬ試合の末、試合放棄勝ちに終わっている。 ◇神戸ワールド記念ホール ◆SWS

7月26日　藤原組初のビッグイベントであるNKホール大会に6000人を動員し、メインで船木と激突。腹固め(足取り腕固め)で勝利。◇東京ベイNKホール　◆藤原組
12月12日　藤原組に対して挑発を繰り広げていた維新力(SWS)の挑戦を受けて立ち一騎打ち。トペに行く動きを見せるなど、観客を沸きに沸かせ、最後は腹固めで勝利。◇東京ドーム　◆SWS

1992年

3月13日　新日本プロレス創立20周年パーティーが行われ、藤原組からは唯一出席。前田(リングス)も出席しており、笑顔で旧交を温めた。◇新宿・京王プラザホテル　◆新日本プロレス
4月18日　内臓疾患で引退を決めた維新力の引退試合でパートナーに。維新力は惜敗したが、最後は維新力を肩車して退場する温情を見せた。○仲野信市&北原辰巳(北斗原爆固め)藤原&維新力●　◇東京体育館　◆SWS
4月19日　藤原組のメインで船木vsロベルト・デュランのビッグマッチ(船木が腕固めで勝利)。藤原はジェリー・フリンにアキレス腱固めで勝利。◇東京体育館　◆藤原組
5月15日　異種格闘技戦でドン・中矢・ニールセンと激突も、ハイキックを眉間に食らい、額を陥没骨折。1R1分7秒TKO負け。◇大阪府立体育会館　◆藤原組
6月25日　6月10日に逝去した藤原組レフェリー、ミスター空中を悼み、この日の後楽園ホール大会で追悼の10カウント。セレモニーで遺影を持った藤原は試合では左腕に黒い紐を巻いて闘ったが、バート・ベイルにKO負け。◇後楽園ホール　◆藤原組
10月4日　船木vsモーリス・スミス(3分5R引き分け)をメインに、東京ドーム大会「STACK OF ARMS」を敢行。4万800人を集めた。藤原はツハダゼ・ザオールにアキレス腱固めで勝利。◇東京ドーム　◆藤原組
12月5日　この日の新潟大会で藤原組が来年の日程を発表。2月9日・大阪府立体育会館、3月29日・日本武道館大会などが発表も、メインでツハダゼ・ザオールに完勝した船木はノーコメント。藤原はウェイン・シャムロックにKO負け。◇新潟市体育館　◆藤原組
12月21日　藤原組道場兼事務所で全選手出席のもと、今後についての話し合いが持たれるが物別れに。船木、鈴木、冨宅、高橋義生、柳澤龍志が離脱することに。石川雄規のみ、藤原組に残ることになった。◇藤原組道場　◆藤原組

1993年

1月16日　船木らが抜けて最初の興行は、外国人選手7人を招聘し、なんとか開催。入場式で藤原は「これはすべて私一人の責任。私は老骨にムチ打って、再び立ち上がります!」と挨拶。第1試合で藤原はシャムロックをヒザ十字固めで下すと、事前発表のなかった第5試合(メイン)で石川と一騎打ち。ミスター空中の遺影がコーナー下で見守るなか、石川を極めまくった藤原は、腕固めで勝利をあげた。また、前出の大阪大会、武道館大会は中止となることも発表された。◇後楽園ホール　◆藤原組

1月20日　第42代アメリカ合衆国大統領ビル・クリントンの就任パーティに出席。プロレス入り前からお世話になっていた実業家の岩淵力さんの繋がりによるものだった。　◇アメリカ合衆国議会議事堂

4月6日　「MAGNITUDE X」と冠された単発興行の第6試合終了後に現れたスーツ姿の猪木が、「姿三四郎の言葉にあります。修行とは出直しの連続なり。おーい、出て来い！」と呼び込むと、「ワルキューレの騎行」に乗って藤原が登場。猪木と抱き合い、「藤原でございます！　猪木さんに、命、預けます！」とマイク。新日本復帰が確定した。大会名から「大物のXが現れるのでは？」と噂されていた。
◇両国国技館　◆新日本プロレス

5月3日　新日本復帰第一戦として、馳浩と一騎打ち。「リアル・マスターズ・オブ・レスリング」と題された一戦らしく、技術の粋を尽くし、藤原が脇固めで勝利。　◇福岡ドーム　◆新日本プロレス

6月1日　一周忌を迎えた「ミスター空中追悼記念興行」として、藤原組が本年1月以来の後楽園ホールに帰還。2300人(超満員)の観衆で埋まった。○藤原(ワキ固め)ジョー・マレンコ●　◇後楽園ホール　◆藤原組

7月13日　木戸と組み、藤波&蝶野正洋と闘うが惜敗。6月14日の新日本大阪大会ですでに木戸と一騎打ちしており(ワキ固めで勝利)、タッグ結成を熱望していた。藤波&○蝶野(STF)藤原&木戸●　◇札幌中島体育センター　◆新日本プロレス

7月21日　藤原組の興行で新日本の石沢常光(のちのケンドー・カシン)と一騎打ち。30分時間切れ引き分けも、ロープエスケープは藤原が多く、どことなく石沢に花を持たせた感もあった。　◇後楽園ホール　◆藤原組

8月4日　新日本の「G1 CLIMAX」に初参戦。トーナメント形式で行われた1回戦で藤波に敗退。○藤波(首決めエビ固め)藤原●　◇両国国技館　◆新日本プロレス

8月29日　石沢と再戦。6分足らずで勝利。○藤原(アキレス腱固め)石沢●　◇後楽園ホール　◆藤原組

9月19日　元来空手家である青柳政司と異種格闘技戦。3R1分41秒、裸絞めで勝利。　◇大宮スケートセンター　◆平成維震軍

10月29日　藤原組の主催興行で青柳と再戦も、胴絞めスリーパーでレフェリーストップ勝ち。全試合終了後には猪木とのトークショーも行われ、ドン荒川も乱入するなど、楽しい一夜となった。　◇後楽園ホール　◆藤原組

12月5日　グラン・ジェイコブスにアキレス腱固めで勝利。ジェイコブスは数度藤原組に参戦しているが、のちにWWEのスーパースター、ケインとなった。　◇後楽園ホール　◆藤原組

1994年

1月4日　東京ドームでアキレス腱断裂から半年ぶりの復帰となる長州の相手を務める。フォール負け。　◇東京ドーム　◆新日本プロレス

1月20日　TBS『爆裂！　異種格闘技TV』の企画でカナダまで飛び、熊と対戦。熊に3回タックルを食らい、試合はストップとなった。　◆TBS

1月22日　この日より公開の邦画『SAEKO』に、常盤貴子演じる私立探偵の仲間として準主役出演。

4月4日　2月に引退ロードの開始を発表した猪木とタッグマッチで激突。○猪木&馳(裸絞め)藤原&石川雄規●　◇広島県立体育館　◆新日

本プロレス

5月1日　「世代闘争3番勝負」として、藤波vs橋本真也、長州vs馳の先陣を切り、蝶野と激突。STFに惜敗。◇福岡ドーム　◆新日本プロレス

5月29日　LLPW主催興行で神取しのぶと組み、穂積詩子&維新力の新婚コンビを壮行するミクスド・タッグマッチを行う。藤原&〇神取(ヒザ十字固め)維新力&穂積●　◇後楽園ホール　◆LLPW

6月1日　IWGPヘビー級選手権に挑戦も、王者の橋本のジャンピングDDTに惜敗。藤原にとってはこれが初めての同王座への挑戦だった。◇宮城県スポーツセンター　◆新日本プロレス

8月3日　この日より開幕の「G1 CLIMAX」に参加。Aリーグを2勝3敗で終えたが、2勝は武藤からワキ固めの勝利と、長州からの裏アキレス腱固めでの勝利だった。なお、これが藤原にとって長州戦初勝利。◇両国国技館　◆新日本プロレス

9月23日　新日本のリングで獣神サンダー・ライガーと一騎打ち。ワキ固めで勝利。◇横浜アリーナ　◆新日本プロレス

9月25日　この日の後楽園ホール大会で、「お客のニーズがないのに、やみくもにやってもしょうがない」と自主興行の中止を示唆。◇後楽園ホール　◆藤原組

10月9日　この日より開幕の新日本の「SGタッグリーグ戦IV」(ジュニアタッグリーグも含む)に、藤波と組んで参加。5勝4敗で4位の成績を残した。◇後楽園ホール　◆新日本プロレス

11月15日　みちのくプロレスに初参戦。地元である岩手県北上市で、母も見守るなか、ザ・グレート・サスケとのタッグで勝利した。ザ・グレート・サスケ&〇藤原(ワキ固め)新崎人生&愚乱・浪花●　◇岩手・北上市民黒沢尻体育館　◆みちのくプロレス

1995年

1月1日　TBSの人気番組『筋肉番付』シリーズの第1回に出演(『最強の男は誰だ! 壮絶筋肉バトル!! スポーツマンNo.1決定戦』)。綱引きの決勝で広沢克己(プロ野球)に敗れたが、続けて第3回まで出場し、番組初期の名物選手だった。◆TBS

1月22日　休業宣言から4カ月、みちのくプロレスの全面協力で自主興行再開。〇藤原&サスケ(ワキ固め)TAKAみちのく●&エル・サムライ　◇後楽園ホール　◆藤原組

3月19日　猪木引退カウントダウンの4試合目(「INOKI FINAL COUNT DOWN 4th」)の対戦相手として、猪木と最後の一騎打ち。ナックルパンチからフォール負けしたが、試合後は並んで会見。猪木から「プロレスとは何か? ということをいちばんよくわかってくれたのが、藤原だったんですよね」と、最大級の賛辞を贈られた。◇愛知県体育館　◆新日本プロレス

4月2日　13団体が集結した『週刊プロレス』主催のオールスター戦に、藤原組も試合を提供。藤原&〇石川(三角絞め)ドン荒川&カール・グレコ●　◇東京ドーム　◆ベースボール・マガジン社

9月5日　FMWのリングで池田大輔と組み、リッキー・フジ&大矢剛功の持つ世界ブラスナックルタッグ王座に挑戦。フジにワキ固めで勝利し、第8代の同王者に。◇札幌中島体育センター　◆FMW

11月19日　試合後、若手選手全員が藤原組のジャージをリング上で脱ぎ、団体からの卒業を示唆。実は9月に団体の社長が藤原から別人物に代わっており、同人物はあくまで一部の若手を解雇の対象としたのだが、仲間たちが「それなら俺たちも」と一蓮托生で辞めることとなった。藤原との間に確執は皆無で、この日、士道館の村上竜司と異種格闘技を行った藤原のセコンドにも若手たちがついていた(試合は2Rで藤原の反則負け)。　◇横浜文化体育館　◆藤原組

12月30日　「突然卍固め－INOKI FESTIVAL－」と題された猪木一派の自主興行で、山崎一夫と組んで猪木&高田組と激突。直前に3本勝負となり、最後に猪木の卍固めで負け選手となった。1本目・○猪木(体固め)山崎●、2本目・○山崎(体固め)猪木●、3本目・○猪木(卍固め)藤原●　◇大阪城ホール　◆アントントレーディング

1996年

1月13日　前年11月に袂を分かった藤原組の若手たちのプロモーター主催の興行でメインに出場。さながらバトラーツのプレ旗揚げ戦となり、藤原も「私のかわいい息子たちを、どうかよろしくお願いします！」と熱くマイクで訴えた。　◇後楽園ホール　◆アルファ・ジャパンプロモーション

4月1日　NHKの大原麗子主演連続ドラマ『レイコの歯医者さん』に、元プロレスラー役として出演(〜5月2日)。　◆NHK

5月23日　藤原組の5周年記念興行で、ディック・マードックと闘いワキ固めで勝利。マードックは帰国後の6月15日に急死し、藤原は日本での最後の対戦相手となった。　◇後楽園ホール　◆藤原組

5月27日　UWFインターナショナルの日本武道館大会のメインで、高田延彦と対戦。KO負け。　◇日本武道館　◆UWFインターナショナル

6月1日　新日本、WCW、AAA、EMLL、女子プロの各団体がロサンゼルスに集結し、猪木プロデュースの「平和の祭典」が開催。藤原はメインでオレッグ・タクタロフと組み、猪木&ダン・スバーンと対戦も、スバーンに3カウント負け。　◇米ロサンゼルス・スポーツ・アリーナ　◆平和の祭典

6月30日　多数の団体が集まった力道山OB会発足記念大会「メモリアル力道山」に出場。セミ前の試合でUインターの安生洋二と激突も、両者リングアウト。試合後、「待ってろ！　前田を連れて来る！」とマイクし、観衆を大いに沸かせた。　◇横浜アリーナ　◆力道山OB会

7月27日　藤原組主宰で、ディック・マードックの追悼興行を開催。藤原はメインで、Uインターからフリーになったばかりの中野龍雄にワキ固めで勝利。　◇クラブチッタ川崎　◆藤原組

11月22日　前田日明の要望により、リングスで一騎打ち。新生UWF以来6年ぶりの対戦となったが、前田の裸絞めに惜敗した。　◇大阪城ホール　◆リングス

11月28日　全日本プロレスに初参戦し、ジャイアント馬場と初遭遇。頭突きで追い込むシーンもあれば、馬場からワキ固めを食らうシーンも。○藤原&荒川&本田多聞(腹固め)馬場&渕正信&井上雅央●　◇札幌中島体育センター　◆全日本プロレス

1997年

1月5日　この日より開始のNHK大河ドラマ『毛利元就』にレギュラー出演。村上水軍の統領、村上虎吉役。　◆NHK
1月26日　全日本に参戦し、川田利明と初対決。○川田利明&渕正信(腕ひしぎ逆十字固め)藤原&菊地毅●　◇後楽園ホール　◆全日本プロレス
2月19日　この日より開幕した本多劇場の演劇で初舞台を踏む(玉井敬友事務所『曽根崎心中』)。　◇下北沢・本多劇場　◆玉井敬友事務所
3月　ファミリーマートのCMに出演。当時のメインキャラクターの篠原涼子と共演した。
5月3日　猪木と結果的に最後の対戦。○猪木&タイガーキング(裸絞め)藤原●&獣神サンダー・ライガー　◇大阪ドーム　◆新日本プロレス
7月4日　WARの両国大会でアブドーラ・ザ・ブッチャーと一騎打ち。ボディアタックからフォール勝ち。　◆WAR
11月24日　力道山のベルトをめぐる「日本J1選手権者決定トーナメント」で天龍源一郎と初対決も、チョップからフォール負け。　◇横浜文化体育館　◆WAR

1998年

1月20日　かつての藤原組の愛弟子たちが96年4月に立ち上げた団体「格闘探偵団バトラーツ」に出場。デビュー1年未満だった日高郁人をVクロスアームロックで沈めたが、「小さいけど、非常にいい」とその素質を絶賛した。　◇後楽園ホール　◆バトラーツ

2000年

7月　生まれ故郷の岩手県北上市より、PRなどを受け持つ「北上しらゆり大使」に任命される。
7月9日　大量離脱のあった全日本に助っ人参戦。以降、準レギュラーに。この日は川田とメインでタッグ激突した。川田&○マウナケア・モスマン(片エビ固め)藤原&モハメド ヨネ●　◇後楽園ホール　◆全日本プロレス
7月11日　同じゴッチ門下である全日本の渕正信と初の一騎打ち。30分時間切れ引き分け。　◇大阪府立体育会館　◆全日本プロレス
11月19日　この日より開幕した全日本の「世界最強タッグ決定リーグ戦」に、かつては第一次UWFのリングに上がったこともあるダニー・クロファットとのコンビでエントリー。戦績は1勝6敗に終わった。　◇後楽園ホール　◆全日本プロレス

2001年

3月23日　この日より開幕した全日本の「チャンピオン・カーニバル」に参加。3勝5敗1分で6位に。　◇後楽園ホール　◆全日本プロレス

6月14日　橋本真也率いる新団体ZERO-ONEの格闘技イベント「真撃」のセミで小川直也と対戦。STOでTKO負けも、関節技で翻弄する場面も。前月に長州と消化不良のタッグマッチ(小川&村上和成vs長州&中西学)を行っていた小川は、「こっちのオジサンはよく動く」と、らしい賛辞を送っていた。　◇大阪城ホール　◆ステージア

8月11日　リングスの10周年記念大会に参戦し、ヴォルク・ハンと旧リングスルールでエキシビジョンマッチ。10分時間切れ引き分け。　◇有明コロシアム　◆リングス

9月8日　橋本真也と一騎打ち。左ミドルキックにフォール負け。　◇Zepp Tokyo　◆ZERO-ONE

12月9日　「真撃」の第2弾興行でディック・フライと12年ぶりの再戦も、KO負け。　◇大阪城ホール　◆ステージア

2002年

1月20日　松永光弘となんでもありのデスマッチで対戦。全身を有刺鉄線でまとい、サソリまで持ち出した松永だが、藤原はそのサソリをくわえる余裕を見せ、流血の松永にヘッドバットを連打しレフェリーストップ勝ち。「俺は元祖テロリストだ」と貫禄のコメントで試合を締めた。なお試合後、ミスター・ポーゴが乱入。次項の試合に繋げた。　◇後楽園ホール　◆レインボープロ

5月27日　ミスター・ポーゴの主宰する団体WWSで、ポーゴと2万ボルト高圧裸電線爆破デスマッチで激突。最後はチェーンによる絞首刑で失神KO負け。　◇群馬・伊勢崎市民体育館　◆WWS

2003年

7月25日　この日より開幕のZERO-ONEの「火祭り」リーグ戦に参加。1勝2敗1分でAリーグ最下位に終わった。　◇千葉・キラメッセぬまづ　◆ZERO-ONE

12月25日　ドン荒川と一騎打ち。エアプレンスピンを仕掛けて目が回った荒川をそのままフォール。　◇後楽園ホール　◆ZERO-ONE

2004年

6月17日　橋本と組んで大森隆男、越中詩郎の持つNWAインターコンチネンタルタッグ王座に挑戦し、これを奪取。第10代の同王者に。○橋本&藤原(片エビ固め)大森&越中●　◇宮城県スポーツセンター　◆ZERO-ONE

8月31日　大森&大谷晋二郎に敗れ、NWAインターコンチネンタルタッグ王座から陥落。なお、これが橋本の生前最後の試合となった。○大谷&大森(コブラホールド)橋本&藤原●　◇岩手県営体育館　◆ZERO-ONE

2005年

9月11日 第一次UWFでフロントも務めた上井文彦が立ち上げた団体「BIG MOUTH LOUD」の旗揚げ戦で、4年ぶりの復帰となる木戸修と対戦。15分時間切れ引き分け。 ◇後楽園ホール ◆BIG MOUTH LOUD

2006年

3月22日 鈴木みのると藤原組以来、14年ぶりにシングルで対戦。得意のワキ固めを繰り出され、逆に敗れた。 ◇後楽園ホール ◆BIG MOUTH LOUD

2007年

10月5日 前月に胃がんが発覚し、この日、胃の半分と胆のうを摘出する開腹手術をし成功。

2008年

5月12日 〝ノスタルジック・メジャー〟をテーマにしたイベント「昭和プロレス」が開催され、胃ガンの影響もあり、復帰が間に合わなかった藤原は、木戸とそれぞれ他選手を相手にどちらが巧いかを競うワキ固め対決を行う。フェイントを用いてワキ固めを決めた藤原に軍配が上がった。 ◇後楽園ホール ◆力道山OB会

12月18日 「昭和プロレス」の第二弾興行でがんからの復帰戦を行った。メインで初代タイガーマスクと対戦するも、その蹴りにサンドバッグ状態に。セコンドのライガーがタオルを投げるも、それを投げ捨てる不屈の闘志を見せたが、無念のレフェリーストップ負け。最後はタイガーと抱き合い、号泣した。 ◇後楽園ホール ◆力道山OB会

2009年

4月27日 西口プロレスのメインでアントニオ小猪木と一騎打ち。お笑いプロレスとはいえ、小猪木の思うようにはさせず、最後はフロントネックロックで完勝。 ◇東京・渋谷O-EAST ◆西口プロレス

6月1日 娯楽紙『内外タイムス』の創刊60周年記念イベントに、猪木、佐山らとともに出席。

8月9日 猪木が2007年に旗揚げしたIGFに参戦。初代タイガーマスクと10分1本勝負で闘い、時間切れ引き分け。 ◇有明コロシアム

◆ＩＧＦ
10月12日　新日本に久々に参戦。蝶野のデビュー25周年記念興行のバトルロイヤルに出場し、グラン浜田、荒川、小林邦昭らと健闘したが、最後は岡田かずちか（のちのオカダ・カズチカ）が優勝をさらった。　◇両国国技館　◆新日本プロレス

２０１０年

10月24日　愛弟子の鈴木みのると組み、西村修＆渕正信に勝利。○鈴木＆藤原（片エビ固め）西村＆渕●　◇横浜文化体育館　◆全日本プロレス

２０１１年

9月3日　藤波のデビュー40周年記念試合で一騎打ちも、逆さ押え込みに敗れた。　◇愛知県体育館　◆ＩＧＦ

２０１３年

7月22日　警視庁の「万引きさせないＴＯＫＹＯキャンペーン」に参加。「万引きさせない街」の横断幕を掲げて新宿界隈を練り歩いた。　◆警視庁

２０１４年

3月21日　高山善廣と組み、初の電流爆破マッチに出陣（「ノーロープ有刺鉄線電流爆破＆爆破電気椅子デスマッチ」）。２度にわたり被弾するなど凄絶な闘いぶりを見せ、惜敗。○大仁田厚＆大谷晋二郎vs高山善廣＆藤原●　◇博多スターレーン　◆『とんこつ大花火』実行委員会

２０１５年

1月4日　新日本の東京ドーム大会第０試合の時間差バトルロイヤルに出場。１・４出場は21年ぶり（翌年も同バトルロイヤルに出場）。　◇東京ドーム　◆新日本プロレス
11月15日　天龍源一郎の引退興行に出場。高山＆○藤原（ワキ固め）鈴木みのる＆村上和成●　◇両国国技館　◆天龍プロジェクト

2017年

2月8日 武藤敬司がプロデュースするレジェンド選手中心興行「プロレスリング・マスターズ」の第1回大会に参戦。以降、同大会にはレギュラー参戦した。○藤原&芦野祥太郎（ワキ固め）グレート小鹿&熊ゴロー● ◇後楽園ホール ◆プロレスリング・マスターズ

7月28日 カール・ゴッチの墓が東京・荒川区の回向院に建立され、ゴッチの命日であるこの日に納骨式。尽力した西村、猪木、木戸、藤原の他、前田も参列した。 ◇東京・回向院 ◆カール・ゴッチ墓石建立プロジェクト実行委員会

10月21日 猪木のイベント「INOKI ISM2」にて猪木の生前葬が開催。のちに本人は生き返るという趣向なのだが、藤原は数珠を手に般若心経を全文読経した。 ◇両国国技館 ◆INOKI ISM

2018年

4月20日 藤波辰爾が主宰する団体「ドラディション」で越中詩郎と一騎打ち。執拗な首絞めで越中の怒りを誘い、反則勝ち。 ◇後楽園ホール ◆ドラディション

2019年

8月4日 船木と28年ぶりに一騎打ち。UWFルールで闘い、アキレス腱固めに敗退。 ◇グランメッセ熊本 ◆熊本プロレス祭り実行委員会

2020年

6月19日 BSフジ『芸能人 個展開きました』で陶芸の腕前を披露。 ◆BSフジ

2022年

3月1日 新日本プロレス旗揚げ50周年記念興行のメインに登場。○オカダ・カズチカ&棚橋弘至&藤波（片エビ固め）藤原&鈴木みのる●&ザック・セイバーJr. ◇日本武道館 ◆新日本プロレス

5月22日 船木とタッグを結成し、田中将斗&高岩竜一と対戦。船木が高岩からフォール勝ち。 ◇後楽園ホール ◆ドラディション

10月1日 アントニオ猪木、死去。享年79。

藤原喜明

ふじわら・よしあき◉1949年、岩手県生まれ。72年に新日本プロレスに入門。新人時代からカール・ゴッチに師事し、のちに“関節技の鬼”と呼ばれる。84年、試合前の長州力を花道で襲撃し“テロリスト”としてブレイク。同年7月に第一次UWFに移籍し、スーパー・タイガー(佐山聡)、前田日明、高田伸彦(当時)らとUWFスタイルのプロレスをつくり上げる。その後、新生UWFを経て、91年に藤原組を設立。2007年に胃がんの手術をするも無事生還し、今も現役で活躍中。

装丁/金井久幸(Two Three)
本文デザイン&DTP/武中祐紀
構成/堀江ガンツ
編集/片山恵悟(スノーセブン)

猪木のためなら死ねる! 2

「闘魂イズム」受け継ぎし者への鎮魂歌

2025年3月24日　第1刷発行

著　者　藤原喜明　前田日明　鈴木みのる
発行人　関川 誠
発行所　株式会社宝島社
〒102-8388　東京都千代田区一番町25番地
電話（営業）03-3234-4621
（編集）03-3239-0927
https://tkj.jp
印刷・製本　中央精版印刷株式会社

ISBN 978-4-299-06502-5